逐梦乡村振兴

大学生乡村调研思考

罗晓霞　陈巧蓉　主编

哈尔滨出版社
HARBIN PUBLISHING HOUSE

图书在版编目（CIP）数据

逐梦乡村振兴：大学生乡村调研思考 / 罗晓霞，陈巧蓉主编. -- 哈尔滨：哈尔滨出版社，2024.2
ISBN 978-7-5484-7753-2

Ⅰ.①逐… Ⅱ.①罗… ②陈… Ⅲ.①农村—社会主义建设—研究—中国 Ⅳ.① F320.3

中国国家版本馆 CIP 数据核字（2024）第 048502 号

书　　名：**逐梦乡村振兴：大学生乡村调研思考**
ZHUMENG XIANGCUN ZHENXING: DAXUESHENG XIANGCUN DIAOYAN SIKAO

作　　者：罗晓霞　陈巧蓉　主编
责任编辑：杨浥新
封面设计：皓　月

出版发行：哈尔滨出版社（Harbin Publishing House）
社　　址：哈尔滨市香坊区泰山路 82-9 号　　邮编：150090
经　　销：全国新华书店
印　　刷：廊坊市海涛印刷有限公司
网　　址：www.hrbcbs.com
E-mail：hrbcbs@yeah.net
编辑版权热线：（0451）87900271　87900272

开　　本：787mm×1092mm　1/16　　印张：15.25　　字数：250 千字
版　　次：2024 年 2 月第 1 版
印　　次：2024 年 2 月第 1 次印刷
书　　号：ISBN 978-7-5484-7753-2
定　　价：88.00 元

凡购本社图书发现印装错误，请与本社印制部联系调换。
服务热线：（0451）87900279

· 《区域文化新视界丛书》编委会 ·

主　任：彭鸿斌
副主任：尹邦满　王永刚　王永周
委　员：彭鸿斌　尹邦满　王永刚　王永周
　　　　彭　伟　陈巧蓉　杜春梅　李凤勤
　　　　刘　敏　罗晓霞　彭　浩　张　姣
　　　　周　杨

《逐梦乡村振兴》

主　编：罗晓霞　陈巧蓉

序

　　文化自信是一个国家、一个民族发展中的基本力量。大学生是国家未来发展的主力军，具备文化自信，可增强国家凝聚力，促进社会稳定与繁荣发展。中国拥有深厚的文化底蕴，文化因地而异，对中华优秀传统文化的认识理解是培育大学生文化自信的重要基础。

　　高校作为文化育人高地，在培养具有高度文化自信的新时代大学生方面扮演着至关重要的角色。文化育人与文化自信塑造紧密相关，是高校核心育人内容之一，贯穿于学生的整个学习过程。文化调查与研究是其重要的实践育人途径，大学生通过走进文化场域，深入了解区域传统文化，感受传统文化的独特性和卓越性，从而产生对文化的认同感。在具体的文化事项研究中，去理解文化所蕴含的价值观念、道德准则和审美情趣，并通过创新实践，将传统文化与现代科技、现代生活相结合，推动区域文化的传承与发展。

　　本丛书的编撰旨在为读者提供一个全新的视角，以更深入地了解和感受区域文化的魅力。大学生通过收集、整理、研究区域的文化资料，结合实地调查和访谈，展现了区域文化的独特性和发展脉络。同时，大学生面对复杂多变的文化现象和问题，以批判性思维分析文化现象背后的原因，形成自己的独立见解。这也是地方应用型本科院校开展文化育人的一次实践探索，大学生对区域文化进行深入挖掘和阐释，以全新的视角审视区域文化，不仅关注文化的历史发展，还关注文化与社会、经济、政治等方面的相互关系。我们也希望通过这套丛书，推动区域文化研究的深入发展，为地方政府制定文化政策、推动文化产业发展提供决策依据，为传承和弘扬中华优秀传统文化贡献一份力量。

彭 伟

2024 年夏于重庆移通学院北山斋

目 录

人口老龄化城乡倒置现象浅析……………………………………………001
浅析乡村发展中政府、企业和人才的角色职能及相互间关系…………009
浅析党所派第一书记具备的特点及到村意义……………………………016
人口问题对乡村振兴的影响及对策………………………………………023
农村留守老人生存质量影响因素浅析……………………………………030
浅析失地农民融入城市存在困难的原因及对策…………………………042
浅析"撤村建居"农民融入城市的现状与面临的挑战…………………049
乡村振兴背景下乡村旅游业发展的困境浅析……………………………056
乡村振兴背景下乡村旅游发展问题浅析…………………………………065
简析交通对于农村发展的影响……………………………………………073
乡村振兴中农民参与程度浅析……………………………………………080
浅析綦江农民版画的继承与发展…………………………………………086
浅析城市化发展中乡村旅游发展的问题…………………………………093
乡村振兴背景下农村发展策略研究………………………………………100
浅析乡村振兴背景下留守老人养老问题…………………………………107
浅析重庆市綦江区义务教育发展中的问题及对策………………………118
浅谈綦江版画发展的现状与不足之处……………………………………127
浅论因地制宜对于乡村振兴的重要性……………………………………134
浅析乡村人口流失的问题与出路…………………………………………141
浅析环境建设对乡村振兴的促进作用……………………………………150
浅谈乡村向城市过渡的人际关系演变……………………………………157
浅析城乡一体化发展的前景………………………………………………165
城市化进程与农民拆迁安置问题浅谈……………………………………171
城市化过程中的乡村文学和城市文学……………………………………178
浅析乡村振兴之下村民迁居城市意愿……………………………………184

浅析乡村振兴背景下农村产业融合发展……………………………194
浅谈乡村振兴下的农村产业结构的优化升级………………………202
经营理念与经营手段对城乡发展的影响……………………………212
如何构建产业型现代乡村……………………………………………220
浅析乡村振兴中的文明风尚…………………………………………228

人口老龄化城乡倒置现象浅析

洪心怡

（重庆移通学院数字经济与信息管理学院，重庆 合川 401520）

摘 要：随着人口老龄化的发展，我国出现了人口老龄化城乡倒置的现象，这需要引起社会的关注。本文分析了我国人口老龄化的现状，在人口老龄化的基础上对人口老龄化城乡倒置现象进行思考。通过对人口老龄化城乡倒置产生的原因进行分析，得出了相关的启示，希望为推动我国城乡的发展提供借鉴。

关键词：人口老龄化；城乡倒置

Analysis on Urban-rural Inversion of Chinese Aging of Population

Hong Xinyi

(College of Digital Economy and Information Management, Chongqing College of Mobile Communication, Hechuan, Chongqing, 401520)

Abstract: As the population ages, there emerges the urban-rural inversion of age gradient in China, which arouses the attention. This paper first analyzes the current situation of population aging in China. Then on the basis of population aging, it uncovers the urban-rural inversion phenomenon. By looking into the reasons, insights are gained which hopefully would contribute to urban and rural development in China.

Key Words: Population Aging; Urban-rural inversion

1 基本概念定义

1.1 人口老龄化

通常情况下，一个国家或地区的人口由于出生、死亡、迁徙等，人口的数量、结构比例总是在不断变化的。因此，老年人口在总人口中的比例也在不断变化。《人口学词典》中对人口老龄化的定义是：人口老龄化是指人口中老年人比重日益上升的现象，尤其是指在已经达到老年状态的人口中，老年人口比重继续提高的过程[1]。

所谓人口老龄化就是以年龄为标准来划分老龄人口的一个界限，一般规定超过60或65岁的人被称作是老龄人口。根据世界卫生组织定义，国家的人口若是处于60岁及以上的人口占总人口的比重达到10%，或者65岁及以上的人口占总人口的比重达到7%时，就称作是老龄化社会[2]。本研究以65岁及以上的人口在总人口中的比重，对人口老龄化进行分析。

1.2 人口老龄化城乡倒置

人口老龄化的城乡倒置指的是，在一个国家或地区的农村经济发展水平远低于城镇的情况下，农村人口老龄化水平却高于城镇，即农村老年人口在农村总人口数中所占比重要大于城市老年人口在城市人口总数中所占的比重的现象[3]。

2 人口老龄化现状

我国正加速步入老龄化社会，与第六次人口普查数据相比，第七次人口普查数据显示，60岁及65岁以上老人的占比在不断上升，全国老龄化程度在不断加剧。（见表1）

表1 第六、七次人口普查老龄化情况对比（单位：万人）

年份	总人口数量	60岁及以上人口比重（%）	65岁及以上人口比重（%）
2010	133972	13.26	8.87
2020	141178	18.70	13.50

数据来源：国家统计局网

2010年60岁及以上人口占全国人口[①]的13.26%，而到了2020年，60岁及以上人口占比为18.7%，上升了5.44个百分点。同样，65岁及以上人口占比也由2010年的8.87%增长至2020年的13.5%，上升了4.63个百分点[4]。

此外，根据第六、七次人口普查城乡人口老龄化占比对比，乡村人口老龄占比高于城镇人口老龄占比，并且两者都呈上升趋势的同时，城镇老龄化占比与乡村老龄化占比之间的差距越来越大。（见表2）

表2 第六、七次人口普查城乡人口老龄化占比对比（单位：%）

地区	年龄段	人口比重 六普	人口比重 七普
城镇	60岁及以上	10.79	15.82
城镇	65岁及以上	7.8	11.11
乡村	60岁及以上	14.92	23.81
乡村	65岁及以上	10.06	17.72

数据来源：国家统计局网

第六次人口普查显示，乡村比城镇60岁及以上、65岁及以上人口比重分别高出4.13、2.26个百分点。在第七次人口普查中，乡村60岁及以上、65岁及以上人口比重分别为23.81%、17.72%，分别比第六次60岁及以上、65岁及以上的老龄人口比重上升了8.89、7.66个百分点；城镇60岁及以上、65岁以上老龄人口占比也由第六次的10.79%、7.8%，分别增长了5.03、3.31个百分点；第七次人口普查数据中乡村老龄人口60岁及以上、65岁及以上老龄人口比重仍比城镇老龄人口占比分别高出7.99、6.61个百分点。

---

① 全国人口是指大陆31个省、自治区、直辖市和现役军人的人口，不包括居住在31个省、自治区、直辖市的港澳台居民和外籍人员。

3 人口城乡老龄化倒置的原因

3.1 人口结构变化

从上述数据可以看出，对于已经步入老龄化社会的中国而言，城乡人口老龄化的速度是非常快的，短期之内都呈现了乡村老龄化占比高于城镇的现象。这与计划生育政策下导致的人口结构变化息息相关。

中华人民共和国成立之初，我国的人口一直是保持着高出生率、低死亡率的趋势。直到后来国家实施了计划生育政策，对城市"关大口"，严格落实计划生育的政策，对农村"放小口"。加之不断提升的生活水平和医疗卫生水平，人口增长趋势逐渐变为低出生率、低死亡率。我国人口结构的变动也在政策的推行下发生了巨大改变，详细见图1和图2。

图1　1990年人口金字塔　　图2　2020年人口金字塔

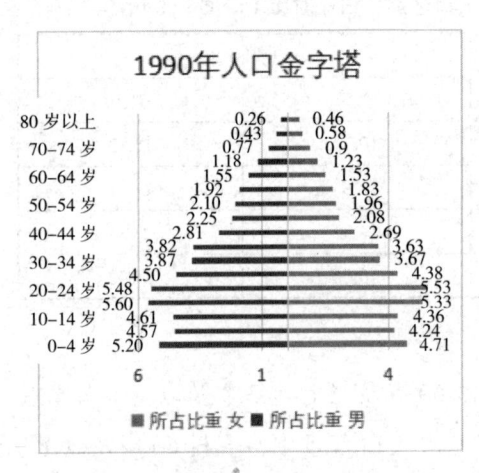

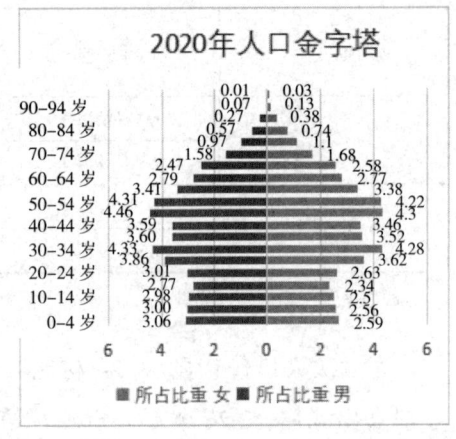

数据来源：国家统计局网

从1990年的人口金字塔的形状可以看出，当时的人口年龄分布呈正金字塔形，老龄人口占比少，出生率可观，当青壮年步入老龄行列时，新生的人口也足以弥补缺失的劳动力。但是，由于计划生育在过去几十年的逐步落实，并且随着生活水平、医疗水平的提高，出生率和死亡率变低的同时，五六十年代出生的已步入了老龄行列。到了2020年，曾经的正金字塔形人口已经不复存在。

3.2 农村年轻人外流

放眼全球，发达国家人口老龄化程度农村高于城市的现象在日本、美国、英国、澳大利亚等世界各地都曾普遍出现[5]。目前，我国仍处于发展中国家的行列，农村的经济发展远低于城市，但农村老龄人口所占比重却比城市高。城乡经济发展的不协调在其中产生了一定的影响。

从图3中可看出，从2014年到2020年，城乡经济水平都在逐年增长，城乡人均可支配收入和人均消费支出呈正比，这显示出我国的经济发展态势好。但细观之下，城镇居民与农村居民的人均可支配收入的差距却在逐年增大，并且，城乡居民所能存下的积蓄差距也是越来越大。

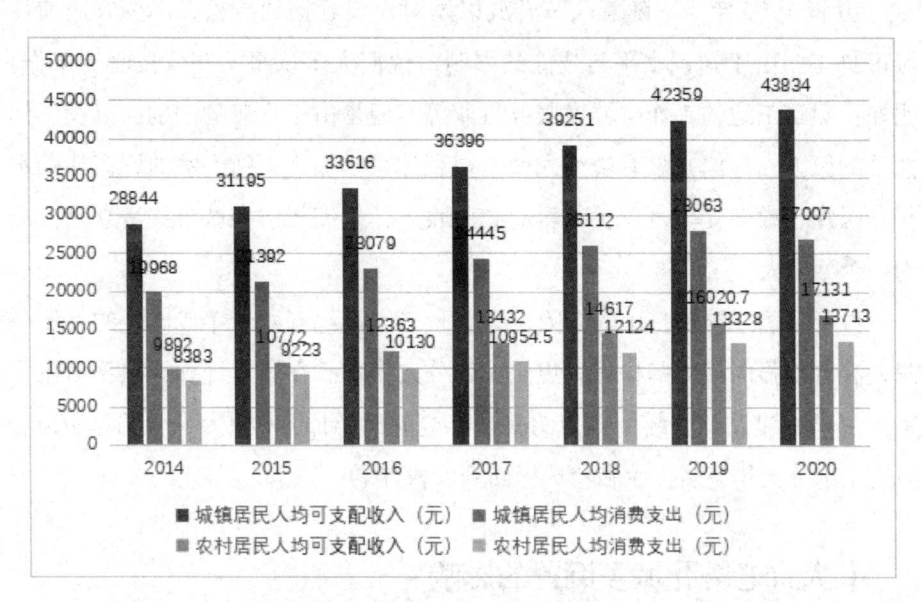

图3　2014-2020年我国城乡居民人均可支配收入和消费支出统计
数据来源：国家统计局网

人们总是在为自己、为家人能过上美好的生活而打拼。城市经济快速增长的发展态势，吸引了很多农村的年轻劳动力到城市工作和生活。（见表3）

表3　第六、七次人口普查城乡居住人口占比对比（单位：%）

地区	人口比重	
	2010年	2020年
城镇	49.68	63.89
乡村	50.32	36.11

数据来源：国家统计局网

第七次人口普查数据显示，居住在城镇的人口占63.89%，较2010年上升了14.21个百分点，而乡村人口占比由2010年的50.32%下降至2020年的36.11%。

3.3 外出务工老人回流

20世纪90年代，随着改革开放以及对户口管控的放松，不少农民前往城市打工。由于知识水平与技能的限制，他们大多从事一些低技能的工作，比如：建筑工地的工作、城市服务行业等。但是由于户口的区别，以及工作性质的原因，他们并没有被纳入城市福利体系。加之不断上涨的城市消费水平和医疗、教育支出，仅凭获得的微薄收入，他们无法在城市买房立足，成为一个城市人。

再者，这些外出打工的老人，大多是二十世纪五六十年代出生的，那一辈人有着很强的落叶归根的思想。大部分人将自己在城市打拼的积蓄用在了家乡房子的建设和修缮上，为的就是年老时能够回到故土颐养天年。因此，当这一部分人年老后，大多会选择回到农村养老。

4 人口老龄化城乡倒置的影响

4.1 农村养老压力大

人口老龄化城乡倒置对于农村养老而言，压力很大，其抚养比[①]远高于城镇。我国的养老方式现在仍是以家庭养老为主。父母将孩子养育成人，父

---

① 指总体人口中非劳动年龄人口数与劳动年龄（15—64岁）人口数之比，说明每100名劳动年龄人口大致要负担多少名非劳动年龄人口。

母年迈后，子女就要担起赡养父母的义务，尊老爱老是中华民族优良的传统美德。

表4 我国2019年城乡人口抚养比

区域	总抚养比（%）	少儿抚养比（%）	老年抚养比（%）
城市	32.49	17.97	14.52
镇	40.99	24.71	16.28
乡村	51.51	29.25	22.26

数据来源：国家统计局网

据表4可知，对于农村家庭而言，在家庭经济收入远低于城镇家庭经济的情况下，农村的老年抚养比为22.26%，加之农村家庭生育较多，其少儿和老年的总抚养比高达51.51%。所以农村家庭的养老压力比城镇家庭大得多。

4.2 城乡发展不协调加剧

城乡经济发展的不平衡本就是人口老龄化城乡倒置的一个重要原因。若不引起重视，人口老龄化城乡倒置给农村带来的养老压力，势必和城乡经济发展的不平衡形成恶性循环，相互牵制，使城乡发展不协调加剧，从而影响国家总体的经济发展水平。（农村人口结构中老龄化比例大，这对目前国家大力发展的乡村振兴有阻碍。）

5 结论及启示

本文分析了我国人口老龄化的现状，在人口老龄化的基础上进一步对人口老龄化城乡倒置现象进行思考。通过对人口老龄化城乡倒置产生的原因进行分析，发现计划生育政策和城乡经济发展的不协调这两个因素，是此现象产生的根本原因。人口城乡老龄化倒置现象，加大了农村养老的压力，同时加剧了城乡经济发展的不平衡，从而又促使年轻劳动力外流，以此使得人口城乡老龄化现象更加严峻，形成一个恶性循环。

为了缓解人口城乡老龄化倒置现象，本文得出的启示有三点：一是着力于改善人口结构；二是吸引年轻劳动力回流乡村；三是给予前往城市务工的农村老人城市社会保障，以促使他们留在城市养老。国家要振兴乡村，加强城乡发展的平衡度。通过为乡村招商引资，给村子带来更好的发展，从而吸引更多的年轻人回乡就业，如此，他们便可在父母身边更好地照顾他们；对于去城市打工的老人，国家要为其健全社会保障，让他们能够和城里人一样看病就医，买房定居。

参考文献

[1]阳泉市统计局. 统计知识[EB/OL].（2021-08-02）[2022-05-22]. http://tjj.yq.gov.cn/tjzs/202108/t20210802_1195867.html.

[2]钟睿. 我国人口老龄化城乡倒置的空间转移和规划应对：基于人口流动的视角[J]. 城市发展研究，2019，26（02）：24-30.

[3]王瑛洁. 我国人口老龄化城乡倒置现象及对策研究[D]. 长春：吉林大学，2011.

[4]国家统计局. 第七次全国人口普查公报（第五号）[EB/OL].（2021-05-11）[2022-05-22].http://www.stats.gov.cn/tjsj/tjgb/rkpcgb/qgrkpcgb/202106/t20210628_1818824.html.

[5]李辉，王瑛洁. 中国人口老龄化城乡倒置现象研究[J]. 吉林大学学报（社会科学版），2012，52（1）：154-158.

浅析乡村发展中政府、企业和人才的角色职能及相互间关系

——以重庆市綦江区花坝村为例

黄林皇

（重庆移通学院淬炼商学院，重庆 合川 401520）

摘 要：党的十八届三中全会明确了国家治理和社会治理在乡村振兴中的重要性。本研究对重庆市花坝村在乡村振兴发展中，其政府、企业和人才扮演的角色及相互间的关系进行探讨并得出相关结论，以此促进农村发展，为加强和创新乡村治理给出参考。

关键词：乡村发展；政企关系；角色职能

Analysis of the Role of Government, Enterprises and Talents in Rural Development and Their Relationship
— Taking Huaba Village, Qijiang District, Chongqing as an Example

Huang Linhuang

(The Forge Business School, Chongqing College of Mobile Communication, Hechuan, Chongqing, 401520)

Abstract: The third Plenary Session of the 18th CPC Central Committee made clear the importance of national and social governance in rural revitalization. This study discusses the roles and relationships among government, enterprises and talents in the rural revitalization and development of Huaba Village in Chongqing and draws relevant conclusions, so as to promote rural development and provide reference for strengthening and innovating rural governance.

Key Words: Rural development; Government-enterprise relationship; Role functions

1 研究背景及意义

当前，我国正全面推进深化改革和依法治国。为致力于实现中华民族的伟大复兴，走向繁华富强道路，党的十八届三中全会通过的《中共中央关于全面深化改革若干重大问题的决定》明确提出"完善和发展中国特色社会主义制度，推进国家治理体系和治理能力现代化""全面深化改革的总目标和总任务"[1]，并与此相呼应地提出"创新社会治理体制"，顺应了我国乡村振兴发展的趋势。

我国坚持走中国特色社会主义道路，在推进城市化进程中，不照搬西方城市化模式，坚持习近平总书记提出的"绿水青山就是金山银山"，不以牺牲生态环境作为经济发展的代价，在发展经济的同时也在兼顾着生态文明的建设。同时，在秉承共同富裕原则下，以先富带动后富。不少人在国家号召之下，致力于回乡创业，兴起一股乡村振兴之风，助力脱贫攻坚战的深入开展，开创出一条新的发展道路。在这样的大背景下，本研究通过对重庆市綦江区花坝村进行分析，对政府、企业、人才三者发挥的作用及相互间的关系进行探讨，有利于更好地构建农村治理主体机制，为加强和创新乡村治理给出参考[2]。

2 政府、企业与人才的角色职能

2.1 政府角色及职能

近年来，政府推动计划经济体制向社会主义市场经济体制转变，引导国家经济的高质量快速发展。但由于农村产权制度改革的滞后，快速城市化地区也出现了一系列的问题，对于城乡协调发展和社会稳定产生了负面影响。为此，国家提出了乡村振兴战略。为响应国家号召，实现农村特色化发展，花坝村政府加快包括产权组织制度、土地征用和流转制度等在内的农村产权制度改革，将集体经济下的土地进行流转出租，极大地促进了产业的发展，带动了经济发展。包世琦的论文提出以农村基层党组织带头人建设引领乡村治理，明确指出这些工作需要政府进行主导，破除体制壁垒，组织内部各个要素联结成一个有机整体，实现资源的优化配置，加强政策引导，这些都在花坝村得到了落实[3]，"李葡桃"、奶油西瓜、草莓、樱桃、生态大米等特色产业都得到良好发展。此外，张树民在《中国乡村旅游发展模式与政策保障研究》中提出我们应该充分发挥政府的作用，发挥良好的导向作用[4]。花坝村在旅游业上取得了一定的成就，彩绘画和草莓园特色采摘吸引了大量游客的到来。

2.2 企业角色及职能

在城乡统筹发展中，企业担任着重要角色，具有不可或缺的社会职能，企业是以盈利为目的而从事生产经营活动、向社会提供商品或服务的经济组织。所以企业在社会经济活动中的基本职能和作用包括：第一，企业作为国民经济的基本单位，是市场经济活动的主要参与者；第二，企业是社会财富的生产者和流通者；第三，企业是发展社会生产力的主要承担者。教育产业是企业中一个特殊的存在，学生不仅能带动当地消费，改善消费结构，拉动经济增长，同时教育培养出人才，能够满足各个行业的人才需求，实现资源优化配置，推动产业优化升级，经济质量向好向快发展，也能够提高全民文化素质。花坝村以农业公司为主体，城建农村基础设施，提供各种工作岗位，解决当地群众的就业问题。开展特色墙绘，打造观光旅游农业，草莓园让游客自取自采，体验农家乐的乐趣。

2.3 人才角色及职能

在乡村振兴发展的过程中，推动人才等要素往农村流动是十分重要的一环,要达到这样的目的,必须构建城乡一体化人才发展格局,才能更好地适应城市化发展和乡村振兴的需要,人才在乡村振兴发展中发挥着不可或缺的作用[5]。

首先,需要强化组织领导,进一步完善各领域人才工作领导小组工作职能,加强人才工作力量,为统筹城乡发展提供强有力的组织保证。要加大宣传力度,调动广大干部群众的工作热情和积极性,鼓励城区人才到农村创业,形成城乡之间流动的体制,营造乡村振兴发展的良好社会氛围和舆论导向。花坝村落实政府扶持优惠政策,大学生队伍进驻基层,同时草莓园主和鱼塘主落户布局产业。

其次,注重党员发挥作用。在第一书记的带领下,组织党员结合疫情防控、防灾救灾、产业发展、环境整治和重点项目推进,开展党员志愿服务活动9次,37名党员带领群众志愿参与疫情防控卡点值守,带头协调公路扩建用地。

再次,充分发挥人才的作用。当地的草医通过自己多年的研究,发展有机化肥,以药草作为灌溉原料,既除虫又起到了施肥的作用,同时提高了农作物的质量。引进外国优良草莓品种,进行大棚种植,有效提高了草莓总产量,同时吸引了游客前往。

3 政府、企业和人才相互间关系

3.1 政府提供政策支持,协调各方发展

政府提供全方位的优惠政策。政府首先需要具备一定的协调作用,协调企业与当地政府之间的关系,才能更好地开展合作,统筹全局,高效率地助力企业在此扎根。企业的发展离不开政府的扶持,同时企业发展能带动经济的发展,打造更好的服务型政府的形象。

城市作为集商圈、物流中心、科技教育中心,消费能力强劲,但同时随着城市化发展,乡村成为一个陌生的字眼。出于对农村的体验的需要,农家乐开始兴起,这有利于消费转移至农村。但是,农家商户与企业的合作一般

是私下进行的，并没有规章制度的制约，大多合作关系不稳定，容易产生纠纷和问题，这时候就需要一个强有力的中介进行协调。政府这时候就担任着十分重要的角色，政府可以提供法律援助，从而让农村自发的农家乐和城市企业进行合作，使得经营活动合法规范。

此外，作为对群众期盼的回应，政府应不断完善基础设施。通过多方协调对接和争取扶贫资金，顺利完成全村饮水管网改造、天然气改造及7千米的产业路扩宽工程，协同推进石山沟大堰灌溉1千米、灌溉管网建设1400米，同时新建产业路1千米，修建便道650米、屋外立面彩绘17处，硬化通组路1.2千米，采摘便道980米。

在政策大力支持下，花坝村吸引原住民带着资金、经验和技术返乡创业。在鱼塘主因洪水的影响损失数十万的情况下，政府依据相关政策给予扶持补贴，鼓励返乡人员进行再创业，不仅壮大了创业者的信心，而且提供了一定的保障。

3.2 企业落实优惠政策，布局产业壮大

乡村振兴发展，并不是以消灭农村为目的，而是需要以新农村建设为目标。加强基础设施的建设，科学规划、分类指导、突出重点，着眼于经济、自然、历史、民族等多种因素，使得新农村建设规划充分体现地方特点、文化特色，以及时代特征，融田园风光、乡土人情、时代文明为一体。农村可以利用好田园风光，将绿色农产品特色与旅游业、服务业相结合。同时，发展第二产业中农产品加工业、果酱制造业等，延长产业链，增加农村居民的收入。

企业落实政府政策，促进产业良性发展。不断优化种植结构，花坝村政府积极帮助业主消除疫情和灾情影响。2020年以来"李葡桃"、奶油西瓜、草莓、樱桃、生态大米等特色产业均未受较大影响。先后引进5名优质业主，发展特色种植400余亩。培育本村种养大户建设年存栏1400头的标准"四化"养猪场1个，发展蜂园4个，培育林下养鸡大户2户、清水鱼养殖5户。

经济结构优化，劳动力从农业人口转变为服务业人口，产业结构得到了

优化，从单纯的农业结构向农业与旅游业等服务型第三产业转变。持续壮大集体经济，引导产业发展"质变"：一是运营闲置资源，打造特色品牌。通过出租集体闲置资产，开发特色产品，例如手工油茶、酸杂肉等特色产品，带动困难群众就业。二是以服务出力。以农业公司为主体，将消费扶贫与壮大集体经济有机结合，搭建多元化电商平台。疫情期间组织志愿者开展"齐心战疫、送菜到家"活动，帮助村民卖出滞销农产品。通过"菜坝网""红蚂蚁"、微店等帮助贫困户、村民、业主销售农产品，签订认购协议数百万元。三是以劳务公司为主体，承建小型基础设施建设，为业主和闲散劳动力搭建用工平台。在有效降低业主用工成本的同时，带动本地群众的就业。构建多元化电商平台，多渠道销售"精准对接"，有效地将消费扶贫与地方产业发展相结合。

3.3 人才合理分配，推动生产发展

国家推出大学生就读地落户，同时，加强城乡之间的流动性，提倡支持农村户口向城市户口转化。花坝村政府注重从致富能手、外务人员、毕业大学生中，发现优秀的党员带头人，引进博士选调生 1 名作为驻村工作队骨干成员，选聘大学生 2 名作为后备人才培养。同时规范组织生活，压实责任担当，强化村干部主人翁意识。鼓励村干部大胆创新，注重村干部的培训提升，实行绩效考核，从而激发工作热情。给予一定的物质保障，鼓励大学生走进农村，为祖国建设贡献自己的力量。

在国家号召下，企业和个人都投入乡村振兴的伟大事业中，在国家的优惠政策下，企业进行合理的产业布局，进行全方位的投资生产，推动经济发展，促进政府经济建设工作的开展。同时，政府基层人员深入群众一线进行指导，企业创造出更多岗位，引入技术人才，解决就业，人才的引进提高了生产效率。政府、企业、人才共同促进乡村振兴的发展。

参考文献

[1]中国政府网．习近平：决胜全面建成小康社会 夺取新时代中国特色社会主义伟大胜利——在中国共产党第十九次全国代表大会上的报告[EB/OL]．（2017-10-27）[2022-05-22].https://www.people.com.cn.

[2]中国政府网．中共中央 国务院关于实施乡村振兴战略的意见[EB/OL]．（2018-2-4）[2022-5-22].https://www.gov.cn/zhengce/2018-02/04/content_5263807.htm?eqid=fe5c0d470000dd010000000264648fba.

[3]包世琦．以农村基层党组织带头人建设引领乡村治理[J]．人民论坛，2020（15）：124-125.

[4]张树民．中国乡村旅游发展模式与政策保障研究[M]．北京：中国旅游出版社．2014：170.

[5]程颖宜．实施乡村振兴战略中农村基层治理问题探析[J]．法制与社会，2020（32）：104-105.

浅析党所派第一书记具备的特点及到村意义
——以重庆市綦江区花坝村为例

蹇璐遥

（重庆移通学院艺术传媒学院，重庆 合川 401520）

摘 要：中国农村问题广受关注，而乡村振兴是实现中华民族伟大复兴的重要任务之一，在习近平总书记"三农"思想的指引下，更要充分发挥农村基层党组织领导作用，持续抓党建促乡村振兴。基层干部是推动乡村振兴的重要因素之一，本文以花坝村委派第一书记后发展为例，对当前乡村振兴战略下党派第一书记到村的意义进行分析。

关键词：基层干部；乡村振兴；贫困地区；第一书记；乡村人才

Brief Analysis of the Characteristics and the Meaning of Going to the Village of the First Secretary Assigned by the Party
— Take the HuaBa Village, Qijiang District, Chongqing as an Example

Jian Luyao

(School of Art and Communication, Chongqing College of Mobile Communication, Hechuan, Chongqing, 401520)

Abstract: The rural issues in China has drawn wide attention, and the rural revitalization is one of the important tasks to realize the great revival of Chinese nation, under the instruction of the idea of "Three agriculture (the three are agriculture, rural areas, and farmers)" of the general secretary, Xi Jinping, we should be more urgently to fully perform the leadership of the rural bottom-level Party organization, continuously develop the construction of the Party and facilitate the rural revitalization. The public service personnel of the bottom-level is an important factor to promote the rural revitalization strategy, and this paper takes the development of Huaba village after the first secretary is on duty as an example, briefly analyzes the meaning of the arrival of the secretary.

Key Words: Public service personnel of bottom level; Rural revitalization; Poverty area; The first secretary; Rural talent

1 研究背景

1.1 社会背景

为改变中国农村现状，解决农村领导人才素质问题，国家委派高素质人才"第一书记"到村带领乡村发展，总的来说，第一书记是推进乡村发展的一大源动力，能正确传递党的思想，提高村民素质，带给农村更科学的发展思路，做好乡村"领头羊"，激发乡村振兴活力，让脱贫基础更加稳固，成效更可持续。

本文结合实例浅析"第一书记"具备的特点及对于乡村振兴的意义。

1.2 时代背景

《中华人民共和国乡村振兴促进法》中提出乡村是具有自然、社会、经济特征的地域综合体，兼具生产、生活、生态、文化等多重功能，与城镇互促互进、共生共存，共同构成人类活动的主要空间。乡村兴则国家兴，乡村衰则国家衰。我国人民日益增长的美好生活需要和不平衡不充分的发展之间的矛盾在乡村最为突出。《国家乡村振兴战略规划（2012-2022年）》提出，全面建成小康社会和全面建设社会主义现代化强国，最艰巨最繁重的任务在农村，最广泛最深厚的基础在农村，最大的潜力和后劲也在农村。实施乡村振兴战略，是解决新时代我国社会主要矛盾、实现"两个一百年"奋斗目标和中华民族伟大复兴中国梦的必然要求。

2 第一书记定义

第一书记，指从各级机关优秀年轻干部、后备干部，国有企业、事业单位的优秀人员和以往因年龄原因从领导岗位上调整下来、尚未退休的干部中选派到村担任党组织负责人的党员。第一书记必须是中共正式党员，具有1年以上党龄和2年以上工作经历[1]。

3 第一书记具备素质高的特点

第一书记均是高学历、高素质人才，他们将国家与农村地区相连接，扎根农村，是乡村振兴这条路上关键性的建设力量。第一书记有恒心、有毅力去解决乡村问题，以身作则，始终坚持对党的忠诚，时刻在政治原则、政治道路上与党保持高度一致，筑成坚强的战斗堡垒，给村民以正确的指导。

3.1 花坝村第一书记素质高的治理成效

重庆市綦江区花坝村，在乡村振兴的大背景下发展良好。第一书记将脱贫攻坚战在花坝村打响，不断地推进乡村振兴战略。将政策落到实处，以坚韧的态度对待花坝村的每一件事。坚决治理整改花坝村的乱象，对于乱象坚决说不，不断加强村民法律道德建设。该村在第一书记到村后不仅发展了观光农业以提升经济，还使生活环境变得优美宜居。这与之前呈现的"花霸村"——充斥着各式各样的矛盾纠纷，社会治安问题严峻，以及人才流失严重，形成了鲜明的对比。从"花霸村"到"花坝村"的转变，在很大程度上，得益于国家委派于此处的第一书记。如今的花坝村在第一书记和其他党的干部的治理下已成为綦江人民的后花园。

3.2 第一书记的高素质的意义

由花坝村可见第一书记是带领乡村走向积极面的重要因素。乡村振兴战略的提出从中央到地方，需要正确地传达，去驱动发展。第一书记能及时接收到上级的文件政策，向村民传达新思想、新信息，且对国家政策有着更深的认识和理解，这对于促进农村经济社会发展、改善农村生产生活起着重要作用，为村民谋发展，带领村民发现致富道路。作为基层干部，他们有勇气有毅力去面对种种问题。他们拥有突出的工作能力，不害怕犯错误，负责任，将基层工作与民众利益充分地结合起来。第一书记勇于承担振兴农村的责任，做好基层工作，深入农村，为农村发展做贡献，促进我国加快走上城乡一体化道路。

4 第一书记具备爱农村特点

第一书记爱农村、爱农民，把乡村当成自己的家一样对待。他们用心对待乡村，深入乡村，了解乡村。而在乡村建设中，村民与基层干部的合作性，是最为重要的一环。第一书记会以自身热情去感染村民，与村民携手合作，合力发展乡村，加快乡村建设。

4.1 花坝村第一书记爱农村的实际成效

以花坝村为例，在调查的过程中，第一书记能准确说出每家每户的情况，而村民对于书记也是赞不绝口。从花坝村的村民评比制度，以及村容村貌不难看出，花坝村能从一个治安混乱、无人问津的乱村，变为今天的后花园，得益于干部与村民的配合。通过调查发现，第一书记的积极、热情带动了村民对于乡村振兴的信心。花坝村整治环境，书记挨家挨户做工作，呼吁大家要注意卫生。建设新厕所，第一书记加入到建设卫生村的第一线。第一书记定期挨家挨户走访，在村民遇到困难的时候绝不逃避。以最快的速度去解决花坝村的每一件事。联系业主入住，在花坝村建起一个又一个果园。对于贫困户更是常常走访，时时刻刻了解他们的动态，对他们进行帮助。

此外，第一书记不仅带动了留在村内的村民参与到乡村发展，还积极想办法吸引人才回流助力乡村发展。由于人才流失是乡村落后于城市的重要原因，人才的引进是乡村走出贫困的重要举措。有了人才的引进，就能激发乡村活力。第一书记抓住这一点，一方面为本地年轻村民做思想工作，让他们回村发展，另一方面将有技术的人才引进村子。这一过程中第一书记挨家挨户宣传，让技术型人才接受回村发展这一理念。

该村第一书记十分重视村外来访及宣传，对于外来的团队组织等表现出极大的热情。花坝村的转变，离不开第一书记高涨的热情、与村民的良好关系。只有干部有了积极性，有明确的发展意识，一切的艰难险阻都不是问题。

4.2 第一书记爱农村的意义

第一书记爱农村，在传达与落实相关政策时行动迅速。现在是网络时代，许多信息在互联网上都能得到飞速的传播。但鉴于农村地区的特殊性，他们在消息的获取方面有着很大的劣势。村民对于信息的知晓度取决于当地干部的积极性。积极性高的干部会及时将相关惠民政策传递给村民，让村民通过基层干部的传达了解党对于他们的重视，促使他们跟党走，去配合工作。这将大大减小脱贫攻坚的难度。许多依然难以脱贫攻坚的地区正是因为当地居民的配合度不高，让工作难得到进一步的发展。所以第一书记在工作过程中具备高涨的积极性，才让村民感到政策实实在在是在为他们谋福利，以此才能带动村民的积极性。第一书记用锲而不舍的恒心去推进乡村振兴战略，加快战略实施，确保每一项政策的准确落实。积极融入乡村振兴战略思想，加快转变发展的思路，主动改变过去的粗放的模式，不断发现贫困地区经济发展新方式，创新贫困地区的治理方式和途径。

5 第一书记具备懂农村的特点

贫困地区的发展动力不足渐渐成为社会普遍关注的热点。国家的乡村振兴战略给贫困地区带来了很大的发展机遇。但现状却是依然有许多地区无法发展起来，处于停滞状态，村民对发展的积极性不高，这就是因为当地的基层干部没有抓住符合实际的发展模式，盲目地去学习其他的发展方式。这根本无法拉动经济，长期的低迷状态大大打击了村民的积极性，影响乡村振兴战略的推进。

5.1 花坝村第一书记懂农村的实际成效

在花坝村，第一书记明确了因地制宜的重要性，结合当地区域优势发展符合当地的特色圈，抓住花坝村离城区近的这一特点进行发展，决心将花坝村打造成城区的后花园。在第一书记对花坝村进行调查后，引入业主，打造观光农业。这不仅吸引了外来业主，也让当地的居民有了工作和收入。并且在发展的过程中也整治了危房烂地，一举多得，让花坝村变成为重点乡村振兴发展地点。

此外，鉴于不少劳动力外出打工，花坝村第一书记还组织村内农民开办自己的劳务公司，组织村民有序有保障地进行劳务生产。在生活环境、文化氛围方面，引入高校，将花坝村作为学习基地；美化当地房屋，打造墙绘文化名片；以花坝村当地的特色产业创建公众号，以自媒体方式进行广泛的推广与宣传。

5.2 第一书记懂农村的意义

因地制宜是推进乡村振兴发展的重要思想，每个乡村都具备其自身特点，乡村与乡村之间看似相似，实则却是拥有着不同的发展前景。基层干部在进行乡村振兴工作时的首要任务就是去分析当地农村的经济发展需要，寻找符合当地的发展模式。第一书记能迅速找出当地农村地区的长板与短板，将长处发挥到极致，并且去补齐发展过程中的短板，统筹规划当地农村产业发展。以乡村振兴为契机，深入研究当地状况，抓重点、抓特点，从而扬长避短。第一书记由此认真进行产业提升工作和资源整合，制定符合当地农村经济发展的相关对策，让乡村振兴战略得到实施。

6 总结

从对花坝村的分析来看，第一书记具备高素质、爱农村和懂农村的特点。这些特点帮助他们在乡村发展中扮演了极为重要的角色，极大地推动了乡村振兴发展。

第一书记的高素质让他们扎根于农村时能以身作则，带领农村在党的指导下前行，高毅力、高恒心为乡村解决问题，不断地发挥乡村振兴领路人的作用；第一书记爱农村，让他们扎根农村时能深入农村，准确掌握农村真实情况，使得战略实施更精准；第一书记懂农村让他们扎根农村时能从农村自身出发，转变发展的思路，主动改变过去粗放的模式，不断发现贫困地区经济发展新方式，因地制宜，以可持续发展理念打造乡村。

由此可见党委派第一书记不仅解决了乡村领头人的问题，也避免了乡村发展进入灰色地带，这有利于乡村振兴战略的落实，推动乡村发展，从而提升我国综合国力，以实现中华民族的伟大复兴。

参考文献

[1]中国政府网. 关于向重点乡村持续选派驻村第一书记和工作队的意见[EB/OL]. （2021-05-11）[2022-05-22].http://www.gov.cn/zhengce/2021-05/11/content_5605841.htm.

人口问题对乡村振兴的影响及对策
——以重庆市綦江区花坝村为例

蒋凯山

（重庆移通学院淬炼商学院，重庆 合川 401520）

摘 要：乡村振兴战略是我国"十四五"期间一项重大战略。人口问题对于乡村振兴影响巨大，本文将以重庆市綦江区花坝村为例，分析其在乡村振兴中面临的人口问题，以及产生人口问题的原因，并提出对策。

关键词：乡村振兴；老龄化；人口问题

The Influence and Countermeasures of Population Problem on Rural Revitalization
— Take Huaba Village, Qijiang District, Chongqing as an Example

Jiang Kaishan

(The Forge Business School, Chongqing College of Mobile Communication, Hechuan,Chongqing, 401520)

Abstract: The rural revitalization strategy is an important task during our country's "14th FiveYear Plan" period. The population problem has a huge impact on rural revitalization. This article will take Huaba Village, Qijiang District, Chongqing City as an example, to analyze the population problems it faces in rural revitalization, as well as the causes of population problems, and propose countermeasures.

Key Words: Rural revitalization; Aging; Population issues

1 研究背景

从人口与经济的关系看，乡村振兴与农村人口结构有本质的联系[1]。乡村振兴决定着农村人口结构变化，而农村人口结构又会反作用于乡村振兴，两者相辅相成，相互影响。因此，乡村振兴战略的实施必须重视当前或者将来农村人口结构变化所带来的问题。

2 花坝村人口的基本情况

根据全国第七次人口普查数据，綦江区全区常住人口中，居住在城镇的人口为 500510 人，占 64.54%；居住在乡村的人口为 274999 人，占 35.46%。与 2010 年第六次全国人口普查相比，城镇人口增加 171937 人，乡村人口减少 197469 人，城镇人口比重增加 23.52 个百分点[2]。由于乡村人口向城镇转移，作为綦江区下辖的花坝村，其现状是农村人口数量少，且缺乏高素质人才，大学生村官仅有一人。

3 人口问题对乡村振兴的影响

3.1 人力资源总量不断下降

从人口普查数据可以明显看出，乡村人口的数量在减少，乡村人口比重在降低，近年来农村人口数量下降较快，尤其是青年人口急剧下降，其影响十分堪忧。从历史上看，中国人口增长总体呈稳步上升趋势，导致人口与土地资源的关系紧张，土地少与人口多的矛盾一直突出。但是，在计划生育政策和城镇化的共同影响下，90 年代后期中国农村常住人口总数和比例持续下降，未来农村发展必然是一个人口减少的过程。我国农村人口现状符合现代化发展的基本规律。几十年来，中国人口过快增长得到有效控制，总人口稳步增长。但是，从城乡人口变化来看，城市人口在增加，农村人口在减少。

农村人口的大量减少，在塑造新的城乡发展格局的同时，也带来了乡村"空心化""人气"不足、老龄化、"活力"不足等问题。

花坝村人口数量的减少及青壮年的外出，不仅导致了劳动力的减少与不足，还导致了花坝村的GDP增长缓慢，经济生产活动减少，便会导致GDP的增长缓慢。因为人口数量的减少，消费人数也减少，所以还导致了生产水平和消费水平并不高。

3.2 老龄化加剧

随着全国老龄化情况不断加剧，加之农村年轻人口大规模向城镇迁移，我国农村老龄化问题日益严重。随着城乡二元制壁垒被打破，农村迁往城市的种种限制逐渐消失，越来越多的青壮年为了更好地生活，选择前往城镇谋生，由此带来的是城镇劳动力人口的年轻化以及农村人口的严重老龄化。纯老年家庭增多，过去三代甚至四代同堂的家庭越来越少。

在第七次全国人口普查中，綦江区60岁/65岁老年人口占比将在37.8%左右，并将继续上升。60岁及以上人口为195626人，占25.23%，其中65岁及以上人口为154312人，占19.90%，60岁及以上人口的比重增加5.82个百分点，65岁及以上人口的比重增加6.26个百分点[2]。与綦江区整体数据相比，花坝村的老龄化情况更加严峻。随着老龄化程度日益加重，农村老年人出现了严重的"空巢"现象。当孩子远离家乡时，孩子们很难为老人提供生活和精神上的慰藉。"老人无处可去"可能是当今许多老年人的问题。

3.3 人才的缺失

目前乡村发展中，人才缺失也是影响乡村发展的一个重要因素。第一，在大规模转移农村富余劳动力的过程中，一些地区缺乏年轻而优质的劳动力。农业收入低，城市生活丰富多彩，使得外出务工的农村高素质的人力资源不愿回农村再进行务农。在农村留守的是老人和看管孩子的妇女，农村优质的人力资源正在减少，农业现代化进程缓慢。第二，工业现代化进程缓慢导致人才获取能力差，农村在城乡人才竞争中长期处于劣势。第三，人口大量外流，特别是高素质劳动力外流，也导致了农村发展的迟滞。第四，据了解，近几年来，农村外出务工的劳动力人数呈直线上升趋势，40岁以下的中青年外出比例高达80%以上。伴随着户籍制度、社会保障制度的改革，农村劳动力，尤其是青年劳动力在农村发展的意愿下降，转移劳动力回流农村的数量明显减少，中西部地区农村劳动力呈现出老龄化的现状。农村劳动力的缺乏，使农村的发展受到很大限制[3]。

4 出现人口问题的原因

4.1 城乡发展差异导致人力资源流失

改革开放40年来，大量农村劳动力进入城镇从事二三产业。大量青壮年劳动力离开农村必然影响农村人口结构，农村老龄化现象比城市更加严重。农村劳动力要素外流，尤其是青壮年劳动力和优秀人才大量流向城市，使得乡村振兴和农业现代化面临人力资源结构不合理的困境。在城市中，由于二三产业发达，就业机会较多，劳动力基本都转移到了二三产业。从事农业的大多都是七八十岁的老人，一般也就是种点菜供自己和家人食用。在花坝村，一部分50来岁的劳动力为了照顾家中老人，留在村里务农，但50岁以下的，基本都外出务工了。据调查，村里的年轻人，一般受教育程度都比父母辈高，也更适应城市生活，且好多基本就没有从事过农业劳动，所以即使是吸引他们回来，他们也是从事二三产业，没有回来从事农业的。乡村人口结构的变化也给乡村社会稳定和发展带来了一些问题。花坝村里的养老设施并不完善，由于养老设施缺乏，农村养老问题也比城市更加难以解决。

4.2 人口结构及人口迁移加速老龄化

目前社会处于一个老龄化不断加剧的大背景下。低出生率、低死亡率及医疗水平的提高，再加上二十个世纪五六十年代，当时的民众生育观念仍是多子多福，出生的人很多，而随着时间的推移到现今，整个社会的老年人占比上升。随着农村中青年大量涌入城市，农村老年家庭的数量迅速增加。花坝村的老龄化程度日益加重，这使农村老年人出现了严重的"空巢"现象。当孩子远离家乡时，孩子们很难为老人提供生活和精神上的慰藉。"老了无处可去"可能是当今许多老年人面临的问题。

人口迁移也是加剧农村老龄化的一个重要原因。随着社会的发展，许多中小城市和小城镇都取消了落户限制，人口进一步向城镇地区聚集，大量的年轻劳动力也都随之进城。随着农村中青年居民进城打工、读书、定居的浪潮，农村留守老年人口的比例不断增加，务农的重任自然落在了他们的肩上。一是在当今工业社会发展中，工业化和城市发展对土地的需求增加，导致占用耕地增加，大量耕地被消耗，土地流失数量不断增加。二是中青年劳动力流失，农业人口年龄结构趋于老龄化。此外，农产品收入也在减少。大部分农地被废弃，家族企业的农业利润逐渐下降。三是老年人口增多和农村人口平均年龄不断提高，正在降低一般人群的体力、智力和创造力，对新兴产业和技术绩效产生负面影响，不利于发展和推广先进的农业技术。毕竟，随着老龄化的加剧，该地区将不可避免地缺乏创新发展的活力。在传统思维的束缚下，老年人难以接受新兴产业，无疑会对当地经济发展产生负面影响。

4.3 城市化导致农村人才缺失

以城镇化、工业化为主要驱动力的长期发展模式，导致资本和人力资源不断向城市集中，传统农业转型和农村转型进展缓慢，新产业、新动能出现和成长。农村地区长期以来以种植、养殖等传统产业为主。农业生态价值、自然景观、农民文化等先天效益没有得到有效发挥，新兴产业没有形成和转化为经济效益。农民收入增长依赖打工。产业发展缺乏内生的增长动力和外在条件，甚至出现了各种谋取短期利益的行为，如侵占农田、破坏森林、采沙、建采石场、建砖窑等，破坏村庄的长期发展基地，耗尽所有鱼类。在贫困集中的边远山区和少数民族地区，基础设施不足，缺乏产业支撑和活力增长，阻碍了农村地区的全面更新。工业现代化进程缓慢导致人才获取能力差，农村在城乡人才竞争中长期处于劣势。

此外，改革开放以来，为了促进我国人力资源的流动和转移，中青年农民工等高素质劳动力不断向城镇转移。进入二三产业为我国工业化、城镇化快速推进提供了强有力的人力支撑，带动了农户收入水平的提高，为发展规模化、集约化的现代农业提供了空间，但在同时也带来了农村人力资源的流失，降低了农村人力资源和农业生产经营者的整体素质。由此产生的农村人口结构严重制约了农村发展的机会，影响农业农村现代化进程。

5 对策建议

5.1 优化农村产业结构

促进花坝村产业结构调整，促进花坝村人力资源开发，为花坝村经济发展提供优质人才和劳动力。优化产业结构，提高劳动生产率，促进合理分配花坝村资源与开发，缩小城乡差距，增加居民收入。人才是农村经济发展的内生动力，农村人力资源开发有助于提高人力资源的合理配置，促进农村经济发展，促进城乡一体化进程，缩小和改善城乡差距。在花坝村经济发展过程中，资源开发不充分是影响经济发展的主要原因之一。资源开发利用不足，导致农村经济发展缓慢，居民经济收入不能满足自身发展需要，造成农村劳动力和人口大量外流。人员流失是农村经济发展落后的重要原因之一。农村人力资源开发是农村资源开发的重要举措，对农村资源开发、减少劳动力流失、增加农村劳动力、促进农村经济发展具有重要作用。

5.2 建立健全农村人才激励机制

建立健全农村人才激励机制，完善人力资源开发体系，对农村经济发展和人力资源开发具有极其重要的意义。对内，要保障农民和农村人才的福祉，重点培养留守农民工；对外，要加大人才引进力度，吸引高素质人才，团结出境返乡者。重视支持农村建设的各行业人才，调动人才的积极性、主动性和创造性，建设优质农村人才队伍，提高农村人力资源开发和管理水平。

5.3 政府发挥积极作用

在政府层面，要大力推动产业革命，因地制宜，推动跨部门融合发展，加强部门联系。改善农村就业创业环境，鼓励人才到农村就业创业。此外，要为农村引进投资和人才提供政策支持，为农民提供技术服务，鼓励农民工返乡、重建家园。农村人力资源开发与经济发展和政府支持密不可分。加强交通、公共设施、通信等基础设施建设，提供政策支持，改善民生，为人力资源开发和农村经济发展奠定基础。在农民层面，要积极配合政府相关政策，主动学习，提高知识和技能。

参考文献

[1] 人民网. 为乡村振兴奠定重要基础[EB/OL]. （2021-04-08）[2022-05-22]. http://theory.people.com.cn/n1/2022/0613/c40531-32444709.html.

[2] 中国政府网. 2021年重庆市綦江区第七次全国人口普查[EB/OL]. （2021-5-24）[2022-05-22].cqqj.gov.cn.

[3] 张新民.中国农村人才现状与演变趋势[J].农业经济，2012，（3）：11-12.

农村留守老人生存质量影响因素浅析
——以重庆市合川区古楼镇S村为例

王紫婵

（重庆移通学院数字经济与信息管理学院，重庆 合川 401520）

摘 要：本研究使用世界卫生组织生存质量测定量简表（WHOQOL-BREF）中文版，采用整群随机抽样法，以面对面的问卷调查及访谈形式对重庆市合川区S村的留守老人生存现状进行调查。研究分别从生理、心理、社会关系、环境这4个方面进行了生存质量的打分，分析影响其生存质量的因素，并提出相应的改善措施。

关键词：人口老龄化；农村留守老人；生存质量；改善对策

Analysis of Influencing Factors of Quality of the Left-Behind Elderly in Rural Areas
— Taking the S Village in Gulou Town, Hechuan District, Chongqing as An Example

Wang Zichan

(College of Digital Economics and Information Management, Chongqing College of Mobile Communication, Hechuan, Chongqing, 401520)

Abstract: This study applies to, the Chinese version of WHOQOL-BREF to investigate the survival status of the left-behind elderly in S Village, Hechuan District, Chongqing by using the cluster random sampling method and face-to-face questionnaire and interview. The quality of life was evaluated from four aspects, physiology, psychology, social relationship and environment. After analyzing factors of influence, this study proposes the corresponding improvement measures.

Key words: Population aging; Rural left-behind elderly; Survival status; Improve countermeasures

1 引言

2020年，大陆地区人口总体规模达到14.1亿人，相较于2010年"六人普"时，增加7205万人，其年平均增长率为0.53%。这一增量比从2000年"五人普"到2010年"六人普"的10年间减少185万人，增速降低0.04个百分点。显然，中国人口高速甚至于超高速增长的时期已过去，人口惯性增长阶段正渐趋尾声，人口零增长乃至负增长的时代即将来临[1]。这也使得中国老龄化现象日益凸显，特别是农村地区。

S村位于重庆市合川区的北部，渝南国道212线旁，距主城区22公里。占地面积约7350亩（4.9平方公里），耕地面积2552亩，枇杷林1281亩，全村总户数988户，总人口2976人，支部党员68人，预备党员3人，农业生产以枇杷和梨为主[2]。此次对当地留守老年人生存现状的调研以问卷调查和访谈形式进行，通过对他们生存质量打分，对影响其生存质量的因素进行分析，并依据相应结论得出启示。

2 调查区留守老年人生存状况

由于重庆市合川区的农村地区分布较分散，人口较多，对整个合川区的农村地区的老年人进行调研难度较大。本研究选取了数据较易获得的S村作为研究对象。本研究中，农村留守老人是指那些年满60周岁因子女（全部子女）长期（通常半年以上）离开户籍地进入城镇务工或经商或从事其他生产经营活动而在家留守的父母。

2.1 调查区留守老人的基本情况

本次调查采用整群随机抽样的方法抽取了 51 户进行入户访问，发放问卷 51 份，回收有效问卷 43 份，应答率为 83.3%。

在有效问卷中，男性 25 人，占 58.13%，女性 18 人，占 41.86%。年龄情况：介于 60—69 岁的有 8 人，占 18.60%，介于 70—79 岁的有 22 人，占 51.16%，介于 80—89 岁的有 11 人，占 25.58%，介于 90—99 岁的有 2 人，占 4.65%。文化程度：文盲有 4 人，占 9.30%，小学有 28 人，占 65.11%，初中有 8 人，占 18.60%，高中及以上有 3 人（均为高中），占 6.97%，结果详见表 1。

表 1　重庆市合川区 S 村留守老人基本情况分布（n=43）

项目	人数	构成比（%）
性别		
男	25	58.13
女	18	41.86
年龄（岁）		
60—69	8	18.60
70—79	22	51.16
80—89	11	25.58
90—99	2	4.65
文化程度		
文盲	4	9.30
小学	28	65.11
初中	8	18.60
高中及以上	3	6.97
月收入（元）		
<1000	17	39.53
1001—2000	21	48.83
2001—3000	4	9.30
>3001	1	2.33

2.2 调查区留守老人的生存质量情况

生存状况是指有必要的维持人类生存的条件,是一项衡量人生活质量的关键指标,主要指身体健康的程度、拥有的物质、精神生活需求等等[3]。对生存质量的研究一般采用世界卫生组织生存质量测定量简表(WHOQOL-BREF)中文版来调查,其信度和效度均得到有效检验,本研究也将采用该量表进行研究。由于留守老人的生存质量受到性别、年龄、文化程度、收入、子女回家频率、疼痛频率、自理能力、家庭和睦程度、居住类型等因素的影响,本研究也将对这些变量进行分析[3]。

根据世界卫生组织生存质量测定量简表的计算方法首先得出各个领域的原始得分,其次将各个领域的原始得分转换成百分制得分,公式是:百分制得分=(初始得分-4)×(100÷16)。S村的留守老年人的生存质量在生理领域百分制得分为56.25,心理领域百分制得分为23.56,社会关系百分制得分为41.57,环境领域得分为38.37,结果见表2。

表2 重庆市合川区S村留守老人生存质量情况表(n=43)

项目	百分制得分
生理	56.25
性别	61
年龄	161
文化程度	99
收入	80
子女回家频率	70
疼痛频率	85
心理	23.56
文化程度	99
收入	80
子女回家频率	70
疼痛频率	85
社会关系	41.57
文化程度	99

续表

项目	百分制得分
收入	80
自理能力	127
疼痛频率	85
家庭和睦程度	67
环境	38.37
文化程度	99
收入	80
疼痛频率	85
居住类型	45
自理能力	127

3 调查区留守老人生存质量影响因素分析

为进一步了解当下在S村的留守老年人的生存质量的影响因素，本文将从自身方面、经济因素、家庭因素、环境因素四方面来分析。

3.1 自身方面

自身方面具体而言又包括年龄、文化程度、疼痛、自理能力四大因素。S村的留守老人的年龄大多在70—79岁之间分布，其次为80—89岁组、60—69岁组、90—99岁组。以年龄进行分类对比，结果详见表3。

表3 S村留守老人生存质量受自身方面影响的情况（%）

组别	60—69岁	70—79岁	80—89岁	90—99岁
文化程度				
文盲	12.5	9.09	9.09	50
小学	37.5	68.18	81.81	50
初中	12.5	18.18	9.09	0
高中及以上 25	4.54	0	0	
疼痛频率				
经常	37.5	27.27	27.27	50

续表

组别	60—69岁	70—79岁	80—89岁	90—99岁
偶尔	62.5	45.45	54.54	50
从不	0	27.27	18.18	0
自理程度				
完全独立	0	18.18	18.18	50
轻度依赖	75	54.54	36.36	0
中度依赖	25	27.27	45.45	0
重度依赖	0	0	0	50
完全依赖	0	0	0	0
合计（人）	8人	22人	11人	2人

由上表数据可知，留守老人的文化程度大多处于小学阶段，较高学历人群所占比例较少且文化水平较低。留守老人处于疾病多发期，疼痛频率绝大部分也是处于"有"（经常和偶尔）的阶段。在自理程度方面，S村的留守老人绝大部分需要"依赖"他人来维持自身生活。

一位文化程度在高中及以上的老人C_3说道："我以前因为受伤导致的残疾落下了病根儿，但好在我是个医生，会学着自我治疗，偶尔也会有邻居来找我看病。"

然而具备医术的老人在村里屈指可数，而以上需要"依赖"的留守老人大多是受自身的疼痛频率影响，他们缺乏C_3老人的相关知识，从而对自身的健康缺乏了解。如E_6等多位老人说道："经常一个人生病在家，不知道如何是好，只能去依靠别人，有时候自己生病起不来的时候也很少有人知道。"

3.2 经济方面

本研究从经济因素方面来探索留守老人生存质量受到的影响，结果见表4。

表4　S村留守老人经济月收入（元）情况表（n=43）

月收入（元）	人数	百分比
<1000	17	39.53
1001—2000	21	48.84
2001—3000	4	9.30
>3001	1	2.33

由上表数据可知，S村留守老年人月收入大多在1001—2000元，其次为<1000元、2001—3000元、>3000元。在调研中了解到他们大多收入中有老年人的国家补贴，其次就是部分的个体经营所得。经济的支出中大多是医药费、购买农药化肥等。

其中收入＞3000的D_6留守老人之所以收入这么高，是因为他家位于马路边，有较好的地理位置，让他有足够的优势经营一家小卖部，售卖零食、日常用品等。关于经营状况他说道："收益还可以。平时来小卖部的人比较少，大多都还是买零食的小孩子和买烟的大人。小门面平时进货也比较少，说不上什么亏损。"

但是调研的其他留守老人大多是将自家种植的蔬菜拿到附近的镇上摆摊售卖，但是平时买农药、化肥也是一笔不小的花销。在S村，每年枇杷的售卖是收益最高的，访谈中了解到，一天摆摊收益最低就有两三百，特别是在枇杷园开放期间，大量游客的拥入也为农家乐增添了不少的收益。

3.3 家庭方面

本研究将家庭方面分为居住类型、子女回家频率、家庭和睦程度这3个因素，结果见表5。

表5　S村留守老人家庭情况表

组别	人数	百分比
居住类型		
孙辈同住	2	4.65
独居	5	11.63
配偶同住	32	74.42

续表

组别	人数	百分比
与配偶和孙辈同住	4	9.30
子女回家频率		
<3个月	29	67.44
4—6个月	11	25.58
7—12个月	2	4.65
>12个月	1	2.33
家庭和睦程度		
好	22	51.16
中	20	46.51
差	1	2.33

由上表数据可知，S 村的留守老年人大多有配偶陪伴，在表中可见有 11.95% 的人有孙辈陪伴，承担着抚养孙子孙女的责任，一定程度上增加了生活的负担，但在另一方面有了精神的陪伴。并且大多留守老年人的家庭和睦，子女回家的频率较高，区别于其他子女长期（半年以上）不回家的留守老年人。

但其中个别留守老人的子女回家频率较低且时间间隔较长，这在一定程度上对老年人的心理健康造成了影响。在访谈中，一位丧偶的独居留守老人 D_2 的邻居曾说道：

"他（丧偶的留守老人）现在的精神状态大不如以前，并且他现在做事的时候脑袋也恍恍惚惚的，好像老伴儿走了他的心也跟着走了，我有时候都很担心他的状况。"

3.4 环境方面

环境方面因素较多，本文主要从老年人的社会交往和社会大背景方面，如老人对自己的人际关系满意程度和从朋友那里得到的支持来进行研究。结果详见表 6。

表6 S村留守老人社会交往情况表

组别	人数	百分比（%）
人际交往满意度		
很不满意	1	2.33
不满意	1	2.33
既非满意也非不满意	8	18.61
满意	32	74.42
很满意	1	2.33
朋友支持力度满意度		
很不满意	1	2.33
不满意	1	2.33
既非满意也非不满意	8	18.61
满意	32	74.42
很满意	1	2.33

由上表可知，S村留守老年人的人际交往满意程度与朋友支持力度满意程度成正比关系，并且大部分老年人对于自己的社交方面持满意态度。在调研过程中了解到，S村虽然被一条马路分割开来，但是并不影响他们之间的信息传递。由此可大致推测出S村的邻里矛盾少，相处和谐融洽，信息较为齐备。

此外，在当今的社会变迁的大环境下，经济和科技的发展，为人民创造了美好的生活环境，S村的留守老人对此都赞不绝口。特别是在90—99岁组，一位老人 C_1 认为自身生活是完全独立的，在调研中他说道：

"你看到的只是外在，我自身认为我没有老，我身体还是很健康，现在的生活比以前要轻松多了，我一闲下来就出去散步转转什么的，很悠闲的。"

在这里老人的话语表达出当下农村生活节奏缓慢，老年人生活压力减小，从而心理负担也减小，这样更利于老人的身心发展。

4 结论及启示

4.1 结论

在本研究中,对S村留守老人的生存质量进行计算与分析后发现,他们在生理、心理、社会关系和环境四个领域得分差异较大,从高到低依次为:生理(56.25分)、社会关系(41.57分)、环境(38.37分)、心理(23.56分)。其中S村留守老人的生理领域、社会关系领域和环境领域得分较高。这些主要源于如今的大背景下飞速增长的经济,子女经济收入提高,给予老人的抚养费增加,使得老人的收入提高,基础的生活质量有了保障,并且在乡村振兴背景下兴起的"新农村建设"、乡村干部的年轻化等促使农村环境优化,乡村治理进一步改善,从而让留守老人的生存环境也得以改善。

与前三项相比,差距较大的是心理领域百分制得分,其主要原因来自文化程度、收入、子女回家频率、疼痛频率这四方面。较高的孤独率可能与老人社会支持和老年人的家庭功能的缺失有关。这些都使得老年人认为自己无用,与子女之间的隔阂增大。在S村中大多村民因为与子女的距离较近,且有邻里陪伴,孤独感较少,所以心理上的问题较少。但在S村中大多为七十岁以上的老年人,这阶段处于疾病多发期,经常会出现焦虑等情绪,容易导致心理疾病。此外年轻人大多外出打工,将老年人独留在家,使得家里就剩下了老人做农活儿,这不利于老年人的其他活动开展,并在一定程度上对老年人的身体健康造成影响,从而导致疼痛频率的上升。文化程度对于留守老人的生活影响较小,但经济在一定程度上影响了留守老人对于自身生存质量提升的空间。

4.2 启示

4.2.1 加强农村留守老人的社会保障力度

由于农村老年人的年龄老化较重,疼痛程度和自理能力绝大部分都处于"有或需要阶段"。为了提高农村留守老年人的生存质量,应该加强农村留守老人的社会保障力度。经济上，适当提高低收入留守老人的经济收入，提供适合老年人工作的轻松岗位或者政府等。相关组织加大对新渠道获取收益的宣传，在一定程度上做到尽可能让老年人更加安逸地度过晚年，这不仅能缓解部分疼痛，也能减少带来疼痛的因素。在医疗方面，应当增添乡村诊所的数量，做到及时为留守老人治病。这两方面的措施不仅能减少老年人的忧虑，减轻心理压力，而且利于老年人的身心发展。

4.2.2 加强农村留守老人的精神建设

精神建设不仅是一个人的精神外貌，还包含心理。留守老人大多被子女置于家中，孤独过日子，有的甚至还要在照顾自身的同时抚养孙子孙女，加大了生存负担，但孙子孙女的陪伴一定程度上给了留守老人精神慰藉，却难以逃过"代沟"的问题。要加强农村留守老人的精神建设，政府等相关组织可以推动"下乡送温暖"等活动，温暖留守老人的内心，"文化宣讲"等活动可以在一定程度上弥补留守老人文化水平较低的问题，从而丰富留守老人的信息储备，营造"老有所乐、老有所为"的氛围，从而提高老年人内心的幸福感。

4.2.3 推动子女返乡就业，促阖家团圆

农村的经济水平远低于大城市的经济水平，并且发展前景也不如大城市，这使得农村年轻人大多选择外出打工，造成农村人口老龄化的现象。为了提升留守老人的心理领域的得分，应当促使子女返乡就业，当地政府等有关部门应当挖掘当地特色（如S村以枇杷为主的"枇杷节"），并借其拉动农村的经济，为返乡子女创造未来发展的"潜在条件"，同时也能让子女在家中陪伴父母和孩子。近几年"新农村"建设的兴起，优化了农村人口的生存环境，也能增加在城市定居的子女的回家频率。

参考文献

[1] 人大新闻网. 新时代高质量发展的人口机遇和挑战[EB/OL]. （2021-05-13）[2022-05-22].https://proapi.jingjiribao.cn/detail.html?id=339961.

[2] 重庆市合川区古楼镇人民政府. 山林村简介[EB/OL]. (2016-5-9)[2022-05-22]. https://baike.baidu.com/item/%E5%B1%B1%E6%9E%97%E6%9D%91/196578 94?fr=aladdin.

[3] 隋佳，张会君.辽宁省贫困地区留守老人的生存质量现状及其影响因素[J].中国老年学杂志，2017，37（11）：2808-2810.

浅析失地农民融入城市存在困难的原因及对策
——以重庆市綦江区新兴社区为例

夏茂源

（重庆移通学院远景学院，重庆 合川 401520）

摘 要：城市化过程中出现了大量的失地农民，然而失地农民融入城市存在着不少问题，对失地农民的融入城市问题研究意义重大。本文对重庆市綦江区新兴社区进行分析，从多方面探讨失地农民融入城市困难的原因并对其提出相关建议。

关键词：失地农民；融入城市；文化认同

An Analysis of the Reasons and Countermeasures of Land-lost Farmers' Difficulties in Integrating into the City
— Taking Xinxing Communities, Qijiang District, Chongqing as an Example

Xia Maoyuan

(Prospect College, Chongqing College of Mobile Communication, Hechuan, Chongqing, 401520)

Abstract: A large number of land-lost farmers appeared in the process of urbanization, but there are many problems in their urban integration, which is of great significance to the study of land-lost farmers.This paper analyzes the emerging community of Qijiang District of Chongqing, discusses the reasons of land-lost farmers into difficulties and puts forward relevant suggestions.

Key Words: Land-lost Farmers; Integration into the City; Cultural identity

1 新兴社区情况介绍

1.1 社区基本情况

新兴社区成立于2010年10月，是集农转非安置小区、商品房、行政办公为一体的融合型社区。辖区面积3.06平方公里，辖居民小组6个，户籍人口2915人，社区党总支下设3个党支部，党员82人。辖区有机关事业单位11家，陵园小学、荼江中学等学校4所，医院1家，非公企业384家，各类社会组织13个[1]。

1.2 社区建设成果及存在问题

自2020年以来，新兴社区针对辖区社会资源多的优势和居民结构特点，通过党建引领"四社联动"，创新推进基层社会治理"四字工作法"即：基层组织"领"、宣传发动"引"、四社联动"治"、志愿服务"帮"，把支部建在网格上，将红色基因延伸至社会治理。提高宣传针对性，依托党员活动室、妇女之家、儿童之家等阵地，深化社区教育，分类别开展精准宣传发动，提升居民文明意识。以社区、社工、社会组织和社会单位协同共治的"四社联动"机制，创新"心志愿"特色服务品牌，组建"红徽章""橙知心""绿之家"小分队，形成居民"点单"、社区"派单"、志愿者"接单"的"二单制"精准志愿服务模式。新兴社区在失地农民融入城市的问题上具体分析，综合治理，取得了很好的成效。但是社区建设和失地农民融入问题依旧没有得到解决，社区居民经济收入低，社区内人口老龄化严重。失地农民文化水平程度低，相关就业专业知识欠缺，就业政策和保障措施不完善。

社区文化活动举办少,居民难以融入社区文化圈,难以建立社区文化心理认同等。社区居民对基层干部的工作意见大,对相关惠民政策不了解,对政府工作人员持怀疑态度,社区内的部分失地农民出现了身份认同危机现象。

2 失地农民融入城市存在困难的原因

2.1 经济收入低

经济收入是农民融入城市的先决条件。新兴社区安置小区的居民以失地农民为主,由于地区经济发展差异,青壮年人口外出务工人数逐年增加,社区内中老年人口占比较大,社区人口老龄化严重。劳动力不足,可参与工作和劳动的人口少,经济收入水平低。与此同时,新兴社区的失业农民的文化水平在很大程度上制约了他们的工作选择。失地农民文化技术水平低,由于专业知识技能的缺失,大部分安置居民仍旧只能从事一些技术水平较低的简单的高危工作,甚至有部分农民会出现因"补偿性懒惰"而产生不愿意参与劳动和工作的"失业病"。经济收入水平低人一等,便会在各个方面产生失地农民融入城市的不良影响,经济收入提不上去,失地农民就融不进城市,回不去农村,陷入左右为难的尴尬境地。

2.2 就业问题

就业问题是解决收入问题的前提[2]。新兴社区的就业政策还未全面落地,对失地农民的就业指导和扶植力度不大,乡村的农民失去了世代耕种的土地,在进入城市之后还要面临着生存和就业的双重困境,在生存和就业的重压之下,失地的农民在城市里谋求新的发展机遇,拥有稳定可靠的收入变得至关重要。由于城市消费水平高,家庭消费开支大,失地农民的生存成本大大增长,加上没有稳定的工作收入来源,失地农民往往会陷入怀疑、焦虑和颓丧的负面情绪之中。失地农民创业就业意识薄弱,害怕失败,不愿学习进步,不愿参与就业职业培训,不愿承担创业失业风险。由于农民就业问题长期得不到解决,收入不足加上家庭生活成本增加,不得不参与劳动工作,社会岗位供需矛盾导致失地农民寻求高危职业，如若发生意外或者生病将会引起一系列生存危机，再度陷入贫困状态。解决好失地农民的就业问题，是失地农民融入城市社区生活的重要推动力。

2.3 社会交往局限

社会交往是农民向市民身份转变的重要转折点。新兴社区的失地农民在进入安置小区后，生活环境和工作环境发生了巨大的变化，失地农民在进入城市后需要重新建立社会关系网络。失地农民搬迁到安置小区居住，突然的失业会引起个人与社会的分离，虽然从表面上看，失业农民参与社会活动和交往的数量与频率没有特别明显的降低，但在社会关系结构方面却出现了差别：第一，农民参与的社会活动大多以家族社交和家庭亲属关系为主。第二，社交范围和阶层局限。其主要的交流对象也是失业农民。由于缺少经济来源，失业农民也较少参与社区社交活动。失地农民不仅在总体上汲取了传统道德的特性，还与其狭隘的血缘、亲缘、地缘意识，形成了自己的道德标准和价值判断依据。这种交往方式的消极影响是城乡社会公德意识普遍缺乏。失业农民因为失业导致他们因工作需要建立起来的人际交往关系中断，从而他们的社会关系网络结构不断向单一化、局限化发展，缺少了与主流社会的交流与联系，导致信息偏差进一步拉大，从而错失很多工作机会和就业信息。

2.4 思想观念差异

由于城市居民处在发展速度较快的环境当中，其接触及接受的新事物和新思想更多也更快，因而乡村居民消费观念的更新往往落后于城市居民的消费观念更新速度[3]。具体表现为城市居民追求物质消费的同时，也看中这一物质带来的精神感受，比如追求品牌带来的价值感与满足感。乡镇及农村的居民所处的环境中较为传统的消费观念对其具有深刻的影响，大部分居民的消费观念都较为保守。乡镇及农村的居民更喜欢质优价廉的商品，甚至如果没有质优，光是价廉也能满足其心理需要。

2.5 城市社区自身的局限性

新兴社区封闭式小区的自我局限性，导致社区流动人口少，由于分隔式的居住方式，从进入小区开始，再到进入家门，几乎不会与外界产生联系。这与乡村生活中的开放式居住环境截然不同，过去的信息交流渠道被阻隔，城市居民各自生活，互不干扰，导致失地农民再难建立新的社交关系网络。城市社区是封闭的，私密的，互相独立的，失地农民离开了生活了几十年的乡村，语言质朴，不善言谈，难以在城市社区建立起新的社交网络关系。

2.6 传统文化的影响

身份与心理融入是失地农民融入城市的重要因素。新兴社区安置小区的失地农民由于长久居住在相对封闭、传统的乡村，一时难以改变以往的生活方式和行为习惯。失地农民的身份认同主要是对自身所扮演的角色的认同，当离开农村来到城市，在城市的大环境中，失地农民自然会受到城市文化潜移默化的影响，不自觉地模仿、学习，从而实现市民角色的转变。大多数农民对城市市民的身份的认同感弱。中国农耕社会历史悠久，小农经济盛行千年，失地农民对土地的珍惜和重视，主要是受到地域和农村的传统文化的影响，所以失地农民在进入城市后会出现很多不适应的感觉。他们对城市的生活方式、政策制度、人际交往等方面很难适应，这自然导致了他们对自我身份的认同界定不清。

2.7 政府公信力缺失

从古至今，农民普遍具有保守、狭隘、均等、务实的心理特性[4]。而农民失去土地并由此引发一系列问题，在土地征收和补偿的过程中，土地补偿、农民安置、补偿费发放等问题引起了心理上的变化[5]。地方政府没有考虑农民的诉求，补偿标准不一，不按时发放，或者延迟发放，承诺给予的安置住房、社会保障政策和就业政策迟迟不予兑现，极大地损害了农民的利益，不利于政府公信力的建立。财务公开制度不完善，缺少严格的监督管理机制，基层干部工作过程不透明、不公开、不解释清楚，所有的不公平、不合理的做法，都会使得失地农民在心理上产生不满情绪，进而对干部及政府产生信任危机。

3 措施建议

3.1 建立健全社会保障制度

政府应在制度上予以保障，尽快建立健全失地农民社会保障体系。在失地农民在进入城市后不能实现就业的情况下，国家为其提供最低生活保障可以防止失地农民陷入贫困。减轻失地农民生存压力和经济支出负担，达到稳住民心、减缓压力的作用，为失地农民寻求工作、开展就业培训打下坚实的基础。

3.2 组织职业技能培训

政府免费为失地农民提供职业技能培训、求职意向登记、社会保险等一条龙服务。只有努力提高失地农民的职业技能水平，才能增强失地农民竞争力和就业力，而这一切又必须得依靠职业技能培训[5]。通过培训不仅可以改变失地农民的生产生活方式，改变其文化素质和技能偏低的现状，而且有助于打破就业难的困境，实现市民身份的转换，从根本上解决失地农民融入城市问题，使其意识到参加就业培训可以为其今后的发展解除后顾之忧。政府应多鼓励失地农民进行自主创业并为其提供政策和资金支持。千方百计地为失地农民的就业着想，实行就业和创业并举的方针，努力为其拓宽就业渠道，支持自主创业，鼓励失地农民利用手头现有的资产来增加收入。政府要做好失地农民的职业技能培训工作，通过制定一系列标准和考核制度来引导失地农民就业，合格后可予以颁发政府认可的技能证书，以此来提高他们的就业能力和技能水平。

3.3 培养市民观念，增强社区认同

社区文化建设是促进城市文化建设的基础工作。利用社区文化打破这种局面，以最具有吸引力和可以接受的文化表现方式满足失地农民的精神需求，

利用各种载体引导失地农民广泛参与，开展文化艺术节等各类培训社区文化活动，增进失地农民之间的情感交流，增进居民之间的沟通与了解，创造和谐友善的人际关系，促进居民和睦融合，形成更好的社区人文环境。在长期的文化熏陶中培养高尚的道德情操，增强社区文化交流，提供更多的社区交往平台，扩大失地农民的交往关系网络，增强失地农民的身份认同感和社区文化认同感。

3.4 干群关系的优化处理

新兴社区内部分群众对干部工作持怀疑否定态度，对相关政策和文件的了解也有失偏颇。基层干部是社区居民、失地农民心中的政府形象，作为社区基层干部，要时刻秉持着敢做实事、勇做实事、擅做实事的觉悟，充分发扬"钉子"的精神，敏于求知，勤于学习实用技术，学习法律法规，做好知识的"迁移"和"对接"工作。同时，在实际问题中要不断摸索，善于总结经验，善于自我反省，从而练就本领、提升能力，深入群众中发现问题、讨论问题，更好地解决问题。言而有信，说到做到，设身处地地为社区居民考虑，做好宣传与服务工作，不断提升工作满意度，从而发挥增强政府公信力的作用。

参考文献

[1]中国政府网. 重庆市綦江区人民政府通惠街道[EB/OL].（2011–04–15）[2022–05–26]http://www.cqqj.gov.cn/jz/thjd/.

[2]何文炯. 中国社会保障发展与展望[J]. 社会保障研究. 2013（1）：122–124.

[3]唐剑. 城市化进程中西部地区失地农民问题及主要对策[J]. 现代农业，2013（3）：234–235.

[4]刘守英. 以地谋发展模式的风险与改革[J].国际经济评论. 2012（2）：450–451.

[5]曾国平，侯海艳，刘春鑫.失地农民就业培训影响因素探析：以重庆市为例[J].农业技术经济，2011（6）：221–222.

浅析"撤村建居"农民融入城市的现状与面临的挑战

——以重庆市綦江区新兴社区为例

杨觐榕

（重庆移通学院数字经济与信息管理学院，重庆 合川 401520）

摘 要：随着社会逐步发展和工业化的推进，城市化成为新时代发展必不可少的一部分。"撤村建居"是城市化最直接的体现，在此阶段，农村人口不断向城市迁移，越来越多的农村户口也转变为城市户口。本文从城市化的背景出发，通过对新兴社区进行调查分析，分析"撤村建居"的优势与挑战。

关键词：撤村建居；城市化；生活方式；思想；经济；文化

Analysis of the Advantages and Challenges of the Farmer of "Dismantling Villages and Setting Up Urban Communities" Integrating into the City
— Taking Xinxing Communities, Qijiang District, Chongqing as an Example

Yang Jinrong

(College of digital economy and information management, Chongqing College of Mobile Communication, Hechuan, Chongqing, 401520)

Abstract: With the gradual development of society and the advancement of industrialization, urbanization has become an indispensable part of the development of the new era. "Dismantling Villages and Setting Up Urban Communities" is the most direct embodiment of urbanization. At this stage, the rural population continues to migrate to cities, and more and more rural household registration is also transformed into urban household registration. Based on the background of urbanization, this paper shows the advantages and challenges of "Dismantling Villages and Setting Up Urban Communities" through the investigation and analysis of emerging communities.

Key Words: Dismantling Villages and Setting Up Urban Communities; Urbanization; Lifestyle; Thought; Economics; Culture

中国共产党第十八次全国代表大会提出了坚持走中国特色新型工业化、信息化、城镇化、农业现代化道路，这是党中央着眼长远、与时俱进地做出的重要决策，也是提高全民生活以及改善贫富差距、实现国家长治久安的重要战略举措。城市化在我国社会经济发展中的作用和地位进一步凸显，中国近年来发展的外部环境和内部条件都发生了变化，同时，城市化的发展也存在一些待解决的问题。"撤村建居"是城市化最直接的体现，然而居民在融入城市的过程中，既存在优势，也面临挑战。

1 "撤村建居"基本情况

新兴社区位于重庆市綦江区通惠街道，成立于2010年10月，是集农转非安置小区、商住小区、行政办公、大中小学为一体的融合型社区。其辖区面积3.06平方千米，居民小组6个，户籍人口2915人，目前常住人口12190人。辖区有机关事业单位11家，陵园小学、綦江中学等学校4所，医院1家，非公企业384家，各类社会组织13个。2020年以来，新兴社区针对辖区社会资源多的优势和居民结构特点，通过党建引领"四社联动"，创新推动基层社会治理"四字工作法"，把支部建在网络上，将红色基因延伸至社会治理的末梢。

2 "撤村建居"后农民的改变

"撤村建居"是指在城市化进程中我国为推进农村改革、加速城乡一体化进程，将村民委员会转变为居民委员会，以居委会建制代替村委会。"撤村建居"主要来源于"城中村"以及城郊农村，"撤村建居"社区是一种政府主导的主流城市化路径，整村推进城市化，大大加快了城市化步伐。

在新型城市化前，大部分农民都以耕田种地为主要收入，农村交通不便，大部分都是步行，思想封闭，对外面的新事物、国家新政策都不了解，娱乐生活也基本没有。城镇化过后，经济、生活环境、交通以及文化方面均得到了较大的改善。新兴社区以党建引领四社（社工、社会志愿者、社区、社区组织），致力精准扶持就业，精准治乱点，精准治品质，改变了农民的生活方式，实现了"人的城市化"。

2.1 农民生活环境的改变

新型城市化的推进，"撤村建居"成为其最直接的体现，使得农民原有的村落共同体变成了社区共同体，农民的生活环境也随之发生了改变。首先，在居住环境上得到了很大的提升。之前农民的村落共同体几乎是"一栋一户"的家庭住宅，缺乏整体规划，也没有足够的公共活动空间，而且厕所系统、垃圾处理系统没有科学规范的规划。而现在的新兴社区则是以集中居住的小区为主，是高层的商品房，规划合理，房子外观统一，其科学规范的清洁系统为居住环境带来了极大的改善。其次，社区基础设施较为健全，娱乐设施较为完善，有足够的活动空间，产城融合发展。社区周边有綦江区中医院、綦江区妇幼保健院等公、民营医院十余所；有重庆移通学院綦江校区、南方翻译学院、綦江中学、通惠中学等多所学校及一系列配套公共设施。新兴社区投入大量的人力财力改善社区环境，打造幸福大道，与老百姓共治共建，营造了一个舒心、安心、暖心的社区环境。新兴社区安置户的房产权都属于业主自己，实现了买卖自由。

2.2 农民经济上的改变

在城市化进程中，农民的经济收入得到了有效的提升。首先，新兴社区党建引领四社，即社工、社会志愿者、社区、社区组织联动，致力精准扶贫就业。就业平台进小区，岗位一键直达，对于残疾人也有相应的岗位工作培训。精准治乱点，加强宣传，改善生活习惯。营造安心入住氛围，投入大量人才、财力，改善社区环境，打造幸福大道，与老百姓共治共建。其次，拆迁问题也注重针对性，提高精准度，增强感染力。再次，社区也开展了帮扶就业，措施主要从个人、社区、政府这三个层面实行。个人层面可以主动学习技能，找工作。社区层面为困难人群提供就业信息平台，比如直接将企业的岗位空缺共享，社区居民根据信息与自身匹配，形成企业和群众的双赢局面。对于不愿意就业的部分人群，社区工会从心理上进行鼓励。在政府层面，为增加人民群众的学习机会，针对个别工作困难者，与物业进行交流，及时为他们提供工作资源。

2.3 农民出行方式的改变

"撤村建居"之后，农民的交通出行得到了改善，出行变得方便。之前他们在农村出行地段大多都为泥土地，在下雨或冰雹等恶劣天气的情况下，道路变得泥泞不堪，对他们的正常出行影响巨大，引发许多的安全隐患。在"撤村建居"之后，新兴社区建立了公交车站，建立起一套更为完善的公共交通系统，各家各户出行变得极其方便。并且，与目前綦江区的公共交通系统连接起来，出行十分便利。65岁以上的老人出门乘坐公交车免费，解决了出行困难的问题，极大地改善了他们的生活。

2.4 社区文化的改变

"撤村建居"之后，最大难题是农民难以融入社区，对社区缺乏认同感和归属感。新兴社区开展了大量的活动，不仅拉近了百姓之间的感情，也调动了群众的积极性，还能鼓励群众参加这些社区活动。在新兴社区中，社区活动的参与度较高。而且，还有社区榜样力量引领社会风气，感染社区，带动居民共创美好家园。除了社区内的活动，社区外的活动也是非常丰富的，充实了居民的生活，提高了居民生活质量。在茶余饭后，小区居委会经常进行区外活动。小区与外界有活动对接，经常举办腰鼓比赛或是广场舞之类的群体活动，小区内的人员也会经常外出交流，充实社区活动。在新兴社区当中，居民们常常会聚集在一起参与活动，增加邻里之间的交流，丰富邻里之间的感情，并且在对外活动交流中提升自身素质和文化水平。新兴社区通过全方位宣传引领，不断破除居民旧习俗、厚植新民风、弘扬正能量，营造崇法、崇德、和善、和谐的社会新风尚。

2.5 劳动力外流现象得到改善

在"撤村建居"之前，农村里大量中青年外出务工，家里留下的大多都是老年人与孩子，"空巢老人"与"留守儿童"的问题日益凸显。如今，新兴社区的社区资源丰富，志愿者和党员干部局对社区内的老人以及残疾人进行就业、创业帮扶，通惠街道周围有市民服务中心和公安局、消防指挥中心、人力社保局、财政局、环保局等多个区级行政事业单位。"四上"规模企业50余家，吸引了融创、金科等多家知名房地产企业开发项目，为一部分人就业、创业提供了更多机会，劳动力外流现象得到缓解。

3 "撤村建居"后带来的挑战

3.1 农民就业问题的挑战

在新型城市化改革之后，农民们获得了一定的补贴，同时一部分人获得新的就业机会。也有一部分人不能适应城市生活，对小区的融入度不高，社区意识不强，不愿意外出就业。城市化的改革导致耕地大量减少，农民无法再靠种地谋生，一时间找不到自身的价值。通过对新兴社区的调研了解到，该社区的失业人口年龄大多在50岁左右，还有少部分在30—40岁。主要原因是他们在农村都是以耕田种地为主，没有外出学习任何技术，同时他们文化程度不高，导致他们失业的共同特征是职业技术欠缺、思想落后。此外，还有少部分人是因为满足于现状，属于主动失业。

3.2 农民适应社区文化困难

对于社区文化建设，农民的自主组织意识不强，对自己从农民转变成居民的认可度不高。新兴社区的社会组织主要分为志愿者组织、社工组织、党建引领组织。同时通过对新兴社区调研发现，社区会举办各种各样的社区活动，逢年过节还有晚会活动，平时也有社区送温暖活动，社区居民参与也较为积极。对于他们来说，或许并不缺乏参与的积极性，而是缺乏自主组织的积极性。参与主动性不强，现在社区活动的参与都需要社区领导或者社会组织去引导和带动，这也成为社区社会组织发育不足的制约因素之一。

4 总结及建议

本文分析了重庆市綦江区通惠街道新兴社区居民在"撤村建居"前后的改变，包括生活环境、思想素质、交通出行、收入、社区文化等方面。"撤村建居"的居民虽然完成了身份上的转变，但其思想观念、生活方式、生产方式等方面的改变都相对滞后。

对于"撤村建居"社区居民，不仅要有就业职业技能的培训，更重要的是要主动融入城市化生活进程中，使城市文明真正融入日常生活中。"撤村建居"社区融入城市生活，关键在于"撤村建居"社区要充分整合各种"社会资产"，发挥优势，解决难题，实现对城市真正的融入，从而推进和谐社会及和谐社区的发展。

参考文献

[1]秦瑞英. 城市社区演变与治理[M]. 北京：经济科学出版社，2012：45-46.

[2]国家统计局. 2020年末中国常住人口城镇化率超过60%[EB/OL].（2021-02-28）[2022-05-22]. https://finance.ifeng.com/c/84ER4Efh3gZ.

[3]马良. "撤村建居"社区融入城市进程中的优势和局限：对杭州三叉社区

的实证调查[J]. 党政干部学刊，2008，（03）：54-56.

[4]中国政府网. 深入贯彻落实十八大精神述评二：改革开放新起点[EB/OL]. (2013-02-18)[2022-05-22].http://www.gov.cn/jrzg/2013-02-18/content_2333934.htm.

乡村振兴背景下乡村旅游业发展的困境浅析
——以綦江区花坝村为例

郑杰

（重庆移通学院通信与信息工程学院，重庆 合川 401520）

摘 要： 乡村旅游产业契合了乡村振兴战略的基本要求，已经成为增加农民收入、提高地区知名度、发展乡村的有力助手，但其存在的问题限制了乡村旅游的进一步发展。本文通过对花坝村进行实地调研，分析其旅游业发展存在的困境，发现乡村旅游要想得到更好的发展要做到因地制宜，融合农、文、旅资源，并且与官方形成良好的战略合作关系。

关键词： 乡村振兴；乡村旅游；旅游发展

Analysis of the Dilemma of Rural Tourism Development under the Background of Rural Revitalization
— Take Huaba Village, Qijiang District as an Example

Zheng Jie

(College of Communication and information engineering, Chongqing College of Mobile Communication, Hechuan, Chongqing, 401520)

Abstract: The rural tourism industry meets the basic requirements of the rural revitalization strategy and has become a powerful assistant to promote farmers' income, raise regional visibility and develop rural areas, but its problems limit the further development of rural tourism. Through field research on Huaba Village, this paper analyzes the difficulties of tourism development, and finds that if rural tourism is to be better developed, it should be adapted to local conditions, integrate agricultural, cultural and tourism resources, and form a good strategic cooperative relationship with the authorities.

Keywords: Rural revitalization; Rural tourism; Tourism development

习近平总书记于 2017 年 10 月 18 日在党的十九大报告中提出解决"三农问题"，实施乡村振兴战略之后，全国的农村都逐渐把重心转移到如何发展乡村、实施乡村战略上来。目前，乡村振兴已经取得阶段性成功。由于改革开放，国民收入不断增加，国民的休闲欲望加强，乡村旅游获得了前所未有的发展机遇[1]。2015 年 5 月 19 日，时任国务院副总理汪洋在湖北恩施调研时强调：乡村旅游是基层和群众的创造，旅游扶贫是贫困地区扶贫攻坚的有效方式，是贫困群众脱贫致富的重要渠道。乡村旅游已经成为乡村振兴战略中的重要一环，对乡村的发展起着重要的作用。尽管乡村旅游的发展已经取得重要成果，但仍然不可避免地存在发展困境。

1 国内的乡村旅游现状

乡村旅游最基本的功能就是经济功能。乡村旅游是在乡村振兴发展战略下新兴的产业，是依托乡村自然景观以及人文景观资源，集休闲娱乐、生态观光、农事体验等为一体的村野旅游形式，在助力脱贫攻坚、推动乡村振兴、促进城乡融合等方面发挥了重要作用[2]。乡村旅游为农村贫困地区带来一大批游客，带动地方住宿、餐饮、交通、特产购物等多样化的终端消费，形成乡村产业链，各个环节都给当地贫困群众带来了经济收益。2017 年全国乡村旅游接待人数超 25 亿人次，旅游消费规模超 1.4 万亿元。

2 花坝村旅游发展概况

花坝村位于重庆市綦江区古南街道，占地 4.3 平方千米，距城区仅 3 千米，人口基数较小，下辖 9 个村民小组，共 1064 户，总人口仅 2403 人。花坝村在 2018 年成为脱贫攻坚重点村，在第一书记的带领下走上乡村振兴道路，开展乡村建设。在观光农业上，种植菊花、高粱以及莲藕，引进外地业主种植草莓、奶油西瓜、"李葡桃"以及樱桃等水果，打造特色农业。在旅游上，打造特色农家乐旅游，集采摘水果与观赏为一体，形成特有的旅游形式。同时建成年存栏 1400 头的标准四化养猪场，年出栏量达 3000 多头。自从引进外地业主之后，村民就业问题得到缓解，新修建的 40 亩草莓大棚将在每年保守产值近 50 万元。

3 花坝村旅游发展存在的问题

3.1 产业经营问题

3.1.1 缺乏创新性和独特性

乡村旅游的发展需要创新。目前的乡村旅游更多的是采摘果蔬及餐饮和住宿等项目，缺乏独特的项目以及创新的旅游产品。核心竞争力太弱[3]。花坝村的农家乐旅游，虽然是将乡村特有的自然景观与采摘业相结合，但其还是传统的采摘观光农业，餐饮住宿等项目没有得到很好的开发。传统的观光农业在众多的乡村旅游中的竞争力弱。

3.1.2 缺乏合理利用文化资源的意识

文化底蕴是乡村旅游发展的重要因素。在影响乡村旅游重点村分布的文化环境中，A 级景区数量、旅游接待人数和主要文化的旅游结构的 Q 值① 分别为 0.405、0.252 和 0.196，A 级景区数量对乡村旅游重点村的影响最大。核密度分析结果表明，丰富的文化资源是乡村旅游发展的有利条件[4]。乡村发

---

① Q 值：采用地理探测器对乡村重点旅游村空间分布社会经济成因的因子探测结果。其主要探测社会经济在空间上的分异性以及探测因子在多大程度上解释了属性的空间分异。

展至今已有几千年的历史,其优秀的乡村文化是我国传统文化的重要组成部分,是乡村发展几千年来的历史沉淀,通过挖掘和展示乡村传统历史文化并且配置合理、科学的设施和方法,不失为发展乡村旅游的有利条件。花坝村地处渝西南,綦江区作为曾经的西南重镇,自然文化底蕴深厚。而花坝村距离綦江城区仅仅10公里,受到的影响不可谓不大,背靠着如此丰厚的历史文化资源,但花坝村的乡村旅游仅仅做到依靠传统的观光旅游来发展乡村旅游,并没有将这些资源利用起来,没有意识到历史文化资源的巨大潜力。

3.1.3 供需不匹配

乡村旅游做好供需定位很重要,旅游服务应该针对游客的需求进行设计。乡村旅游是以乡村地域及农事相关的风土、风物、风俗、风景组合而成的乡村风情为吸引物,吸引旅游者前往休息、观光、体验及学习等的旅游活动[5]。当前乡村旅游发展的主要障碍并非需求不足,而是供给结构不合理、不平衡,无法适应国民旅游需求的多元化、快速升级的大趋势[6]。发展乡村旅游的过程中,乡村没有准确把握市场需求,就当前的旅游行业而言,游客的消费需求已经从最初的传统观光旅游向体验、休闲、度假旅游转变,追求深度旅游体验[7]。然而,目前乡村旅游带来的体验感与游客心理预期差距较大,游客追求的审美和愉悦感没有得到充分满足,影响了乡村旅游产业的吸引力。就花坝村而言,乡村旅游产业仍然是以采摘、看风景为一体的传统观光旅游为主体,这样的旅游产业很难满足游客的需求,得到的结果就是两边都不理想的局面——游客没有得到预期的旅游体验,花坝村没有得到预期的旅游发展效果。

3.1.4 交通体系有待完善

交通在经济发展中扮演重要角色。完善的交通体系不仅能够提升乡村旅游景点的吸引力、竞争力,还可以降低游客出行成本,提高游客的参与感和幸福感。同时其舒适性、通畅度、可达性以及服务水平等影响了游客对旅游目的地的选择[8]。旅游交通是乡村旅游经济发展的重要基础,其影响力仅次于经济因素[4]。对花坝村而言,村子内的交通仅限于私家车自驾游,公共交通体系没有得到完善,这就导致了游客想要到达花坝村就只能是步行或者是自驾，因此存在间接筛选游客的情况，得到的结果就是游客数量减少以及旅游产业的不景气。

3.2 政府扶持力度不足

3.2.1 政策宣传与倡导欠缺

新时代，乡村振兴战略为乡村旅游的发展提供发展契机，但现有的乡村旅游的经济效益诉求、粗放的产业体系和产业结构、复杂且突出的用地矛盾以及城乡分治的制度制约着乡村振兴的深入推进[2]。乡村振兴是政府以及农民等要素各显优势、有效衔接的优势治理过程，乡村振兴应该以政府为主导、农民为主体以及社会等其他因素共同作用[9]。因此，在实施乡村振兴的过程中，政府应该积极发挥主导作用，给予乡村更多的支持。在花坝村，政府应该更加清晰地认识到农民是主体，构建与农民的和谐关系，这样才能更好地开展乡村旅游工作。

3.2.2 人才培养与引进滞后

人才振兴作为乡村振兴的重要内容，在其中发挥着关键作用，是推动乡村振兴有效实施的基础性工程。[9]在花坝村，农民素质较低以及大学生的缺乏，让花坝村的乡村旅游缺少了重要的动力。近年来，面对现代农业生产发展以及旅游理念的革新带来的巨大挑战，加强人才建设，培养一批有文化、懂技术、会管理、能创新的高素质农民显得尤为关键。[10]

3.2.3 基础设施不完善

基础设施不完善是乡村旅游业发展受限制的重要因素。乡村地处偏远，地理环境较差，开发建设的难度较大，加上交通不方便，因此基础设施始终得不到完善，这影响到了乡村旅游的进一步发展。[11]

3.3 农民素质问题

农民的素质问题在实行乡村振兴战略中扮演着重要的角色。尽管乡村旅游已经取得发展，但农民的素质问题在某种程度上制约了乡村旅游发展的广度和深度。[12]

3.3.1 思想素质方面

由于农村地处偏远，导致农民接受的教育水平低，长期受到小农经济的影响，农民小农意识浓厚方面思想保守、满足现状和眼前利益，对发展乡村旅游的新概念、新技术和新事物反应冷淡，旅游商品意识淡薄，缺乏商品观念[12]。一部分农民"等""靠""要"倾向突出，不善于学习，不愿意接受培训，对学习缺乏兴趣，学习主动性较差，缺乏主观动力[10]。

3.3.2 知识和技能水平方面

农民的知识技能水平限制了乡村旅游业的进一步发展。由于接受教育程度参差不齐，总体来说从事农业生产的农民平均文化水平较低。较低的文化水平使得很多农民缺乏自我学习意识，较难接受新知识，很难理解与乡村旅游发展相关的旅游开发、接待、管理方面的知识。他们中的一些人员接受了简单的旅游接待培训后就停滞不前，无法通过自我学习不断提升自己，这也成为他们更深入涉足乡村旅游业、形成相对稳定就业的障碍之一[12]。当前，培育高素质农民能够为现代农业的发展和建设提供坚实的人力基础。高素质的农民为乡村振兴提供了一定的人才支撑，是乡村振兴的主力军。但是，当前我国高素质农民培育工作还存在很多不足，迫切需要进一步转变思路，健全和完善高素质农民培育机制，提升高素质农民培育工作成效，为现代农业发展注入活力[13]。花坝村以留守老人和留守儿童居多，作为留守老人，他们还保留着传统的耕作技术以及手工技艺，与现时代下高技术的社会发展产生了矛盾，而留守儿童本就处于被塑造阶段，对于农村发展能够起到的作用有限。因此亟需高素质的人才来带动乡村振兴的发展。

3.3.3 法制观念方面

农民的法制观念也是制约乡村旅游发展的重要因素。普法活动在农村开展得相对缓慢，这导致农民的法律意识相对淡薄，不懂法、不守法的现象时常发生，使得农民在从事乡村旅游工作时无法做到对自身利益以及游客利益的进行保障，影响到乡村旅游的长远发展[12]。

4 改进措施

4.1 因地制宜加强产业建设

因地制宜是发展乡村旅游的根本之策。2019年9月，习近平总书记在河南考察期间强调，"发展乡村旅游不要搞大拆大建，要因地制宜，因势利导，把传统村落改造好、保护好"。对于乡村旅游而言，因地制宜就是要立足当地的基础条件、资源禀赋、市场需求等实际，开发具有当地特色的旅游产品、项目[9]。花坝村要想搞好乡村旅游就必须创新，把自身的条件同新时代科技相结合，深刻把握好旅游的需求，开创出更多有创意的项目，打造最具乡土特色的旅游品牌，增强品牌核心竞争力。同时搞好基础设施以及交通体系的建设。基础设施配套的完善可提升交通服务质量，游客在旅途中的舒适度与体验感是其最直接的反映[8]。在供需匹配方面，以满足游客需求为中心，从增强体验性角度出发，在创新引领下，通过对新旧动能的有效转换，探寻乡村旅游精品化发展的新路径。只有不断增加优质旅游供给和改善服务体验，保持乡村旅游的吸引力，提升游客的满意度，才能实现乡村旅游的可持续发展[14]。

4.2 融合农文旅加强资源利用

融合农文旅是发展乡村旅游的重要方向。文化是旅游的灵魂，农业是乡村旅游的本源所在。乡村旅游本质上是农业与文化、旅游等产业融合催生的产物，多产物的融合共育必然为乡村旅游高质量发展注入更多的活力和动力[9]。历史已经向我们证明了融合与创新是发展的必然之路。无论是民族大融合还是文化融合，都是使中华民族文化灿烂辉煌的原因。因此，在崇尚创新的今天，从一群旧事物中创新新事物是一种比较轻松的方式之一。乡村旅游需要融合多种产业去注入新的活力。花坝村需要将自身农业、文化以及旅游等资源有机地结合在一起，在创新发展旅游项目的同时将本身特有的民族文化特产也大力发展起来，与手工艺品文化旅游产业相结合，并把农业也融入其中，将农业精品化与文化品牌化，打造农业、旅游以及文化协同发展的全新格局。

4.3 政府积极发挥主导作用

政府在工作中起主导作用。将政府和农民的优势有效地组合在一起，在相关建设领域或事项中，谁有优势谁就站位补位，形成合力。加强政府在法律法规、服务支持上的主导作用，更要让农民有生产合作、自我治理的空间，放手让农民成为治理主体，激发自身活力[15]。政府在积极扶持或鼓励的基础上要加强规范管理、加强监督，充分调动农民积极性，提高质量和效率[13]。同时政府要做好农民培养工作，加强农村义务教育以及旅游职业教育培训，提高农民的素质以及文化水平；做好农民思想教育工作，提高农民思想觉悟；清晰地认识到与农民的关系，以便于更好地开展乡村旅游工作。

4.4 充分发挥村民积极作用

农民是乡村文化的继承者和发扬者，乡村古建筑大多是村民的住宅，归其所有，故在乡村旅游开发建设过程中，应将村民生活融入乡村旅游，其不仅能够充分展现当地人的风俗习惯，还能够增强村民的主人公意识，提高其保护乡村的意识[15]。政府要做好农民法制观念、服务观念、终身学习观念的培育工作，提升农民素质，转变观念是根本，如果没有农民自身作用的发挥，再多的扶持与帮扶作用也是有限的[14]。同时要构建政府与农民的和谐关系，这样才能更好地开展乡村旅游工作。

参考文献

[1] 陈佳鹜，瞿华. 国内乡村旅游研究综述[J]. 特区经济，2021（4）：158-160.

[2][12]陆林，任以胜，朱道才，等. 乡村旅游引导乡村振兴的研究框架与展望[J]. 地理研究，2019，38（1）：102-118.

[3]杨芬芸. 试论乡村振兴战略背景下乡村旅游业发展的问题及对策[J]. 当代

旅游，2019（11）：12.

[4]戚禹林，王丽丽，李丁，等. 中国乡村旅游重点村空间分布及影响因素[J]. 资源开发与市场，2021（5）：1-11.

[5]杨晶晶. 不同类型旅游目的地游客与当地人互动的多样性[J]. 旅游学刊，2021，36（5）：10-12.

[6]朱明，高峰. 乡村振兴背景下乡村旅游供需匹配治理策略研究：以江苏省昆山市为例[J]. 世界地理研究，2021（5）：1-12.

[7]潘艳华. 体验经济视角下乡村旅游精品化发展策略研究[J]. 中小企业管理与科技（下旬刊），2021（10）：28-30.

[8]娄宇，宫兴兴. 乡村旅游交通的发展研究[J]. 住宅与房地产，2021（4）：251-252.

[9]银元. 深刻理解和把握乡村旅游高质量发展的内涵[N]. 中国旅游报，2021-05-11（3）.

[10]潘玉兰，翟超群，姜伟. 昆山市高素质农民培育工作现状及建议[J]. 现代农业科技，2021（10）：227-228.

[11]樊娟. 乡村振兴背景下乡村旅游经济发展模式创新探究[J]. 旅游纵览，2021（14）：147-150.

[12]李丹. 农村剩余劳动力素质提升与就业途径：以发展乡村旅游为契机[J]. 闽江学院学报，2008（4）：49-53.

[13]张大维. 优势治理的概念建构与乡村振兴的国际经验：政府与农民有效衔接的视角[J]. 山东社会科学，2019（7）：88-9.

[14]张德平. 乡村振兴战略下的农村旅游经济发展研究[J]. 全国流通经济，2020（22）：125-127.

[15]李博. 乡村振兴中的人才振兴及其推进路径：基于不同人才与乡村振兴之间的内在逻辑[J]. 云南社会科学，2020（4）：137-143.

乡村振兴背景下乡村旅游发展问题浅析
——以重庆市綦江区花坝村为例

钟永萍

（重庆移通学院数字经济与信息管理学院，重庆 合川 401520）

摘 要：在乡村振兴背景下，乡村发展旅游业顺应了发展趋势，但在发展中也存在一些问题。对这些问题进行分析并加以解决，可以为其他乡村旅游业发展提供借鉴，从而促进乡村振兴。本文以重庆市綦江区花坝村为例，运用文献查阅和实地调研方法，对该村的旅游业发展进行深入剖析，发现其中问题，并提出相关建议。

关键词：乡村振兴；旅游业发展；相关对策

Analysis of Rural Tourism Development under the Background of Rural Revitalization
— Taking Huaba Village, Qijiang District, Chongqing as an Example

Zhong Yongping

(College of Digital Economy and Information Management, Chongqing College of Mobile Communication, Hechuan, Chongqing, 401520)

Abstract: In the context of rural revitalization, rural tourism development conforms to the development trend, but there also exist some problems. These problems should be analyzed carefully and solved in order to provide reference for the tourism development in other rural areas and promote rural revitalization.Taking

Huaba village in Qijiang District, Chongqing City as an example, this paper makes an in-depth analysis of the tourism development of the village based on relevant literature and field research, finds out the problems and make some suggestions.

Key Words: Village revitalization; Tourism development; Relevant countermeasures

1 研究背景

习近平总书记于 2017 年 10 月 18 日在党的十九大报告中提出乡村振兴战略，着力推进农村地区的发展，缩小城乡差距[1]。乡村振兴要求"产业兴旺、生态宜居、乡风文明、治理有效、生活富裕"，其中"产业兴旺是重点[2]。乡村要发展必须依靠产业带动经济。2019 年，旅游业对 GDP 贡献率为 10.94 万亿元，占 GDP 总量的 11.5%[3]，带动了就业。

乡村发展旅游业适应了乡村目前发展状况：农业产值不高，工业基础较弱，设备购买使用等方面存在较大问题。相比之下，发展旅游业门槛要求较低，顺应经济社会发展趋势，符合乡村振兴 20 字方针。而且近年来居民旅游意愿较高，2019 年国内旅游人数 60.06 亿人次，比上年同期增长 8.4%[3]，旅游前景较为广阔。乡村旅游市场欣欣向荣。与此同时，国家文件的颁布，给乡村旅游带来了新的机遇[4]。

2 利益相关者理论

利益相关者理论是指文化旅游资源开发的过程中，游客、村民、政府、商家之间的互动关系给当地旅游产业所带来的影响[5]。在花坝村发展旅游业的过程中，村民作为利益相关者之一，发挥着极大的作用。因为发展乡村旅游业，村民是否配合是极其重要的。村民作为发展旅游业的重要一员，其态度在一定程度上决定了该地的旅游业发展能否成功。

3 花坝村旅游业现状

綦江区花坝村，位于重庆市南部，距綦江城区3公里。2015年11月，被列为第二批国家新型城镇化综合试点地区。近年来，该村先后获得重庆市"一村一品"示范村、重庆市休闲农业和乡村旅游示范村、綦江区最美村居、綦江区十佳村级集体经济组织等荣誉，并成为四川美术学院景观雕塑教学研创实践基地、四川美术学院景观雕塑艺术家工作室。目前，村内旅游业发展主要包括瓜果采摘和农家乐两种形式。

4 花坝村旅游业存在的问题

旅游环境对旅游地是至关重要的。自乡村振兴战略颁布以来，花坝村在产业倾向、人居环境、景区设置等方面都有了较大的改变。危房改造、厕所清洁、房屋彩绘等都有效提高了村民生活水平。该村旅游业发展了瓜果采摘和农家乐两种形式，四季瓜果飘香，不仅增加了村民增收渠道，而且提高了当地的就业率。与此同时，花坝村旅游业发展仍然还存在着一些问题。

4.1 基础设施欠缺

4.1.1 交通欠发达

便利的交通是一个成熟的乡村旅游地必不可少的。花坝村虽然距离綦江城区只有3公里，地理位置优越，但是没有专门的客车、公交车以及小轿车通往村内，与快捷方便的城市公共交通系统脱轨。目前，城区到花坝村之间未通客运，到村上旅游赏花采摘的游客仅限于自驾。而且花坝村的进村道路有很长一段是属于上坡路，步行进村实在是有一些费时费力，这在一定程度上降低了游客旅游的体验感，极难发挥游客观光游览后辐射宣传的作用。

4.1.2 公共卫生设施缺乏

公共卫生设施对外来游客是必不可少的。公共设施的建设不仅可以方便游客，而且能够减轻村内旅游管理难度。村内目前缺少合理的垃圾桶设置。

随着游客的增加，垃圾桶数量不足、设置不合理、垃圾量大的现象日益凸显，垃圾清扫、垃圾运输成为当前最棘手的问题。

村内的旅游公厕相对缺乏。游客在村内游玩时间不短，但是，村内目前还未建设相关旅游公厕为游客提供便利，在村内游玩较为不便。而且村内的瓜果采摘地离村民家有一段距离，游客在途中无法上厕所，非常不方便。同时也可能给村民带来不便，引起村民对村内发展旅游业的反对意见，造成村内的不和谐。

4.1.3 旅游服务指示牌不明

清楚明确的方向指示牌是一个成熟旅游地区必备的条件。目前，村内未设置清楚合理的指示牌。花坝村的农家乐都以"某某小院"为名，对于游客来说，这确实是不够明确的；在村内，路上也缺少旅游景点、采摘地点等游客可能需要前往的地点的方向指示。

4.2 管理水平有待提高

4.2.1 服务理念和意识不足

发展旅游业，服务理念和意识是关键。进入到花坝村以后，村里没有设置游客接待中心。游客进村后手足无措，村民也不知该不该去与游客沟通，缺乏有效的信息传递是旅游发展的一块绊脚石。游客进村后无人引导，不清楚村内的地形、景观，也不知道哪里是游览观光的地点，这在一定程度上必然会降低游客的游览兴致，缩减游览的时间，从而减少瓜果采摘以及农家乐的收入，这与发展旅游业增加农民收入、缩小城乡差距、实现乡村振兴的目标也就背道而驰了。

4.2.2 商家宣传不准确

简洁明了的招牌宣传是游客进店的前提。花坝村在发展农家乐方面花费了较多时间和金钱，但是效果不是特别理想。花坝村的农家乐建设得比较有特色：一是每家农家乐都有一个特别的名称，以某某小院为农家乐的代称，比如红心小院；二是除了房屋的墙壁外有彩绘，还有一个院子和写着农家乐名称的木质门匾。这两方面的建设构成了花坝村农家乐的一个特色，营造了一种休闲娱乐的舒适氛围。但是，因为农家乐招牌不够明确，加之花坝村的农家乐还未完全发展起来，游客也不敢贸然进入。

4.2.3 商品的价格不明

价格明确是减少买卖双方矛盾的重要一环。农家乐和瓜果采摘业两个方面，花坝村都还未有明确的价格表来提示游客。相关的各个岗位的人员配备也不够完善。引导游客进入大棚、价格表设置等环节，都存在着业主与游客发生冲突与纠纷的风险。

4.2.4 卫生缺乏规范与监管

卫生标准是衡量一个餐饮店是否合格的最重要的指标。乡村农家乐虽然规模较小，但是也应该参照餐饮行业的卫生标准，为游客提供安全健康的食物。花坝村农家乐规模较小、相关知识有所缺乏。农户自己经营管理，没有接受过专业的培训，在菜单设置、卫生方面还有待加强。

4.3 宣传力度不足

合理的宣传是乡村发展旅游业的关键。旅游业的发展与游客的数量息息相关。合理的宣传能够为乡村招揽更多的游客，有效发挥旅游业发展带动经济发展、实现乡村振兴的作用。目前，花坝村的知名度较低，宣传广度有限，来村旅游的游客数量较少，难以发挥游客对旅游业的助推作用。从另一方面考虑，游客的数量一定程度上也决定了村民对村里发展旅游业的态度与热情。村里游客少，平均收入少，不足以让村民有信心、有决心全身心投入旅游业。如此，旅游业的专门化、专业化以及发展水平都难以提高，通过发展旅游业来促进乡村振兴难以发挥作用。

4.3.1 宣传方案设计缺乏

宣传方案设计是宣传的前提。根据花坝村的特点和优势进行宣传手册以及宣传方式、线路设计是有效提高宣传力度的方法。花坝村主要以农家乐和瓜果采摘为旅游特色，但是，花坝村并没有相关的农家乐和瓜果采摘的宣传手册，游客对花坝村的了解仅限于听说。在旅游线路方面也是缺乏规划的。据了解，花坝村的农家乐需要提前预订。花坝村地处偏远，客源不足，农户在没有预定的情况下不会提前准备食材。值得思考的是，农家乐的联系方式并未对外公开，鲜有游客能提前知道村内农家乐的具体情况。在瓜果采摘方面，花坝村有街道内较大的草莓等种植园，可供游客采摘和购买。同样的问题，花坝村却没有利用好这一优势，知情人数较少，合理的游览路线和最佳采摘时间暂未形成具体方案。

4.3.2 宣传途径缺乏

花坝村先后获得重庆市"一村一品"示范村、重庆市休闲农业和乡村旅游示范村、綦江区最美村居、綦江区十佳村级集体经济组织等荣誉。可是，拥有这些称号，花坝村的旅游招牌并没有打出来，宣传途径狭窄，政府官网、网络媒体、抖音短视频等都还未涉及。在团队前去调研之前，我们对花坝村发展旅游是一无所知的。在这种情况下，花坝村的客源比较窄，农户收入少，积极性难以提高。

4.4 产业开发不足，旅游人才缺乏

4.4.1 产业链单一

较为完整的产业链与旅游业的发展是息息相关的。旅游业不仅仅是玩和乐，还有重要的一环——吃。但是，据了解，花坝村的"吃"并不能满足游客带特产给亲朋好友的需求。花坝村的产业链还未发展，当地的特产仅仅停留在新鲜瓜果层面，缺乏进一步的深加工。游客无法大量地购买当地特产，带动当地产业的进一步发展。从另一个方面来说，这也缺少了一次有效的宣传机会。

不仅如此，新鲜瓜果的销售也十分令人担忧。在疫情期间，组织开展了"齐心战役，送菜到家"活动，卖出了滞销农产品3000余斤。但是，据调查，目前大棚里的草莓等水果并没有固定的销售渠道以及处理方式[6]。大量的成熟瓜果烂在田地里，草莓成熟之后很难保存，采摘下来也极难保持卖相。采摘下来之后草莓不能转移装载的器具，在当地买草莓都是连装的篮子一起买的。

4.4.2 旅游人才缺乏

乡村旅游业发展离不开旅游人才。乡村旅游业发展，利益相关者——村民是否配合是至关重要的。但是种种原因导致农户无法较好地配合旅游业的发展。首先，村内的农户普遍文化水平较低。花坝村老龄化较为严重，年轻人大都外出务工，村内老人文化水平有限，对于旅游发展的相关知识认知较浅，学习能力较弱，导致一些岗位或一些工作无法胜任；其次，年龄是限制旅游业发展的一个屏障。村内以老人和小孩为主，小孩年纪小，老人年纪大，都对旅游发展心有余而力不足；最后，有一些村民意识不到位，固有的农本思想较为严重，无视甚至排斥旅游业在村内发展。

5 相关建议

5.1 基础设施建设与完善

交通是基础设施的重中之重。要打造公共交通，提高交通通达度，有效缩短游客进村所花费时间。邀请专家根据当地地形及景点设置合理的垃圾桶，建造适当的旅游公厕。村干部带领村民进行垃圾分类及公厕的定期打扫及消毒，提高基础设施的安全及卫生标准。在各个路段设置清楚合理的方向指示牌，有效指引外来游客，提高游客来村旅游的体验感。

5.2 管理规范化

游客中心的设置是旅游接待的中心环节。设置游客中心是便民的，游客与村民可以有效地进行信息交流，避免信息误差，便于当地旅游地和旅游特色，合理有效地进行旅游选择。当地个性化的农家乐名称适当地给予副标进行解释，在简洁个性化的同时发挥名称应有的作用。明码标价，设置价格表，统一培训，提高卫生意识，学习相关发票打印操作方法，不定时地检查农家乐卫生，提高卫生标准。

5.3 加大宣传力度

根据当地特色，设计相关旅游路线，制订宣传方案，发挥当地旅游资源的优势。也可通过官方网站或者电视台进行适当的讲解和宣传，或者在抖音平台等拍摄视频扩大客源。

5.4 产业多元化及培育旅游人才

延长产业链，进行产品深加工，能有效提高旅游业发展的效率。与当地企业建立长期合作，定时收购成熟的瓜果。雇用当地居民进行简单的风干及晾晒，延长特产保存时间。引进相关加工企业，进行专业的瓜果产品深加工，打造当地特色品牌。对留村村民进行必要的旅游知识培训，发挥政策优势，吸引大学生回乡发展。

参考文献

[1] 央广网. 习近平：决胜全面建成小康社会 夺取新时代中国特色社会主义伟大胜利——在中国共产党第十九次全国代表大会上的报告[EB/OL].（2017-10-27）[2021-09-25].new.cnr.cn/native/gd/20171027/t20171027_524003098.shtml.

[2] 王希隆，明占秀. 乡村经济振兴的地方实践与经验启示：以临夏县C村为例[J]. 西北民族研究，2021（2）：109-118.

[3] 人民网. 2019年国内游人数达60.06亿旅游总收入6.63万亿元[EB/OL].（2020-3-11）[2021-09-25].yn.people.com.cn/n2/2020/0311/(372453-33867631).html.

[4] 宋丹彤. 乡村旅游发展中农民利益保障问题研究[D]. 保定：河北农业大学，2021.

[5] 李墨文. 利益相关者视域下朝鲜族民俗村旅游发展研究[D]. 延吉：延边大学，2020.

[6] 李井水. 瓜果采摘园趟出增收路[J]. 农业知识，2019（7）：30.

简析交通对于农村发展的影响
——以重庆市綦江区花坝村为例

周玉龙

（重庆移通学院数字经济与信息管理学院，重庆 合川 401520）

摘 要：作为连接地域间的重要纽带，以及运送人流、物流的重要通道，交通对城镇体系的发展有着决定性的影响。积极探究交通对于农村发展的意义显得十分有必要。本文以重庆市綦江区花坝村为探讨对象，运用文献查阅和实地调查的方法对花坝村的交通进行研究，浅析交通对于农村发展的影响。

关键词：交通；农村发展

Analysis of the Influence of Transportation on Rural Development
— Taking Huaba Village, Qijiang District, Chongqing as an Example

Zhou Yulong

(College of Digital Economics and Information Management, Chongqing College of Mobile Communication, Hechuan, Chongqing, 401520)

Abstract: As an important link between regions, as well as an important channel for transporting people and logistics, traffic has a decisive impact on the development of urban system. It is necessary to actively explore the significance of transportation for rural development. This paper mainly discusses the huaba village in Qijiang district of Chongqing, and studies the traffic of Huaba village by literature review and field investigation, and analyzes the impact of traffic on rural development.

Key Words: Traffic; Rural development

1 交通对农村发展的重要性

随着国民经济的高速发展，作为我国经济发展的基础产业，交通运输业对国民经济的发展起着关键性的作用。交通运输业的发展不仅能提高就业率、拉动经济增长，而且城乡一体化进程以及经济产业结构的优化都将在交通运输业的不断发展中得到提升，村公路是除干线公路以外地方公路运输的"主力军"，是我国交通道路体系的重要组成部分，同时也是衔接高等级公路和其他运输形式必不可少的条件。它在完成自身运输功能的基础上，还起着重要的纽带作用，作为连接城乡、乡村之间的纽带，接轨城市公共交通系统，实现了城市与农村之间的通达，对促进农村发展具有非凡意义。农村要想得到高质量发展优势，就要优先考虑交通运输的规划布局，完善交通基础设施建设，增加交通运输系统的发展规模，并要在乡村外部条件的基础之上改善交通运输模式。只有这样才能推动区域发展朝着乐观的方向迈进。

2 花坝村交通情况

2.1 内部交通系统不完善

花坝村内部交通系统不完善。在宏观布局中，其村落的交通道路网缺乏合理的规划，道路指示牌设立不完善。无论是实地还是电子地图指示，花坝村的准确地理位置信息标注不详细，不能为进村人员提供准确的交通行驶信息。在当今中国的农村发展建设进程中，农村交通道路的修建与完善极为重要，然而，农村公路的建设与平原地区截然相反，城市道路大多平坦而宽阔，农村地区道路空间分布受居民点分布、地形和土地利用多种因素的影响，大多崎岖陡峭、道路较窄，危险系数高，驾车行驶过程中十分危险。并且，农村公路岔路多，如果不能在道路上设立明确的指示告示牌，行车安全将受到严重影响。花坝村目前也在进行着旅游业的发展，随着客流量的不断增加，道路的运输压力越来越大，道路指示牌和地图的不完善会给外来游客带来很大困扰，对当地社会的全面发展造成阻碍。

2.2 脱离城市公共交通系统

花坝村位于綦江北部地区，村落依山而建，受地形地势的局限影响，花坝村的道路建设并不完善，未能与城市公共交通系统接轨，这对于现代社会发展、交流十分不利。在我国广大的农村有这样一种说法，"要想富，先修路"，这句话对于身处农村的广大农民来说，是农村建设和发展的真实写照，不是一句空泛的口号。在新中国成立初期到改革开放的这一时间段内，我国各级政府部门便已经认识到农村发展建设的这一问题。交通体系的极度不完善限制着花坝村经济作物与外界的交易往来，仅靠人力输出，交易效率低下，更不能满足大城市的需求，阻碍花坝村的经济发展。在村落发展规划布局中，政府致力于将花坝村打造成为城市后花园，将它发展成为綦江区美丽宜居乡村。在花坝村内部，有大量的种植业在蓬勃发展，并且村落围绕农业的发展努力进行旅游业建设，形成了以草莓园、葡萄园、蜜蜂园等多个经济作物园区为代表的农业旅游圈。凭借着"城市后花园"和丰富的农业资源，花坝村在綦江当地具备一定知名度。但因为交通条件的制约，限制了人员的来往，花坝村的旅游业受到了一定程度的影响。

3 交通欠完善带来的负面影响

3.1 村民出行不便

花坝村存在着一个严重的交通问题——没有客运车，虽然花坝村与国道之间缺一条交通道路，但是村落内部的道路硬化问题已经得到解决，有路但是没有车这种现象很大程度上造成了道路资源的浪费。与中国大多数村落一样，花坝村也是中老年人居多，老龄化严重，中老年人大多都不会骑车或者开车，即使会，也缺少对相关道路安全常识的了解，村中的人员流动也就成了一大难题。

3.2 旅游业发展受限

随着中国步入高质量发展阶段，经济增长模式发生显著变化，旅游业跻身成为国民经济发展中的重要支柱产业，发展前景可观。在国家经济发展政策的先导下，花坝村因地制宜，整合村落闲余资源，利用农村自然地理景观和村落人文景观衍生出新型农业运营形态——观光旅游农业。交通作为国民经济和社会发展的基础性行业，对旅游业的发展起着支撑作用。而花坝村目前缺乏基础的交通条件，致使村落资源的对外流动效率低下，经济效益不明显。现代交通方式正朝着速度化、效率化、系统化、大型化、多元化方向发展，交通不断向好的方向发展，为旅游业的迅速成长提供了一片沃土。目前，交通与旅游融合发展已成为落实国家行业战略的务实举措，也是满足社会需求、发展区域经济的有力抓手，还是交通运输行业与旅游业发展的重点任务之一，未来无论是顶层规划，还是具体工程建设都将有较大的发展空间[1]。现如今花坝村的交通道路条件远远不足以支撑起旅游业的发展前景，严重影响着花坝村对于旅游业发展蓝图的构建。

3.3 就业难题

就业问题一直都是导致农村人口流失的难题，花坝村基础交通要素缺失，造成地区发展严重滞后，劳动力流失严重。加快完善农村基础道路建设，不仅是保障社会主义新农村建设的战略性一步，同时更能解决农村经济发展水平滞后的问题。发展交通的第一步便是修路，修路对于人员的需求量巨大，势必会带动一部分农民参与其中，对于短期的农民收入会带来一定的保障，同时会在无形中将劳动力留在村中，为后期农村的其他领域发展储备劳动力。在道路建成之后，有了道路基础，一批以运输业、公共交通业为依托的职业也将衍生出来，这为城市的高效流动性创造经济机遇，促进社会整合，推动商业贸易，有利于促进就业难题的解决，有利于进行更有效的资源利用。公共交通是城市高效流动性的支柱，可以提高城市的能动力和竞争力[2]。这意味着创造更多的就业机会。对于农村地区而言，建设交通依然能够带动就业、加快地区发展进程。

3.4 经济发展困境

党的十九大以来，国家把农业和农村的发展放在了中国现代化建设的首要位置，着重强调农村振兴的重要性，积极把推动农村基础设施建设提上具体工作日程，以此来解决我国农村基础设施建设不充分、不平衡的问题。花坝村在进行经济发展的过程中，受交通条件的制约，村内经济作物严重滞销，以草莓为代表的经济作物在丰收期内无法完成及时有效的运输，导致草莓丧失经济收益，对花坝村的经济发展造成严重影响。重庆市政府在第五届人民代表大会所做工作报告中明确提出农村通达通畅计划，积极引导各类资金、项目向乡镇倾斜。交通的发展会为区域内经济发展所需的工具、产品、劳动力等要素的流动提供基础，经济发展速度与交通运输速度成正比，所以要实现区域经济的稳定持续增长，交通运输的难题就必须着重解决。一个地区的货运量、货运周转量是考核该地区运输业的综合性的产量指标[3]，交通条件的便捷化发展将会缩短区域间的时空距离，提升运输效率，经济交易活动在这一过程中将会变得频繁，最终作用于经济发展之上。

3.5 产业结构发展受限

产业结构是指各产业的构成及各产业之间的联系和比例关系，对产业结构进行合理的优化调整将会促成另外一种倒逼机制的形成。对于花坝村目前的产业结构而言，不仅村中的产业结构单一，并且花坝村的农业发展模式也比较落后，未能进行实时的专业化、现代化、产业化的农业模式调整，农业生产总值较低。2015年起，我国经济发展进入了增速放缓的新阶段，如今对于经济增长更加关心的是质量问题，即经济发展是在进行有效增长还是无效增长，是否能对国家的经济发展起到实质性的推动作用。随着三种产业在国民经济中的贡献大小不断发生着转变，产业结构发生转型，农村也应该加强对产业结构优化升级问题的思考。从全国范围看，我国的产业结构逐渐地由以第二产业为支撑转变为以第三产业为支撑，标志着我国的产业结构正在向更高级的方向转型[4]。所以要想优化农村产业结构，加强对农村道路的完善才是首要任务。

4 交通完善发展策略

4.1 建立健全的公共交通体系

花坝村当前的公共交通体系相对于大多数农村区域而言，属于十分落后的，交通道路硬化不全面、公共交通设施欠缺等问题严重限制着区域的发展以及村民的基本出行。完善公共交通体系将会改善花坝村的交通运行状况，不仅能解决村民的"出行难"问题，也能打消外来人员对于进村的焦虑。花坝村的山地地貌决定了当地公路的崎岖和坡度大，车辆的快速行驶可能会导致交通事故发生，为此在乡村公路上应重视交通指示牌以及交通信号灯的设立，大力倡导慢行交通，以此保障人员的安全性，并要定期对道路交通做安全排查，对各类交通隐患做好公示并及时处理，确保道路交通安全。

4.2 接轨城市公共交通系统

公路是经济发展的动脉。花坝村属于山地地形，并且农村经济总量少，人均收入低。接入城市公共交通系统对促进区域经济发展、提高农民生活水平、改善农村消费具有十分重要的战略意义。农村的交通一旦接轨城市公共交通系统，城市与乡村之间的联系将会更加紧密，城市对农村的拉动作用将会增加。花坝村内部经济资源相对丰富，有和谐的农村景观、高品质的瓜果蔬菜，加快完善农村公路建设、实现农村与城市之间的通达，区域内的人员流动会更加频繁，最终激发经济发展的活力，带来直接的经济收益。

参考文献

[1]王兰，刘杰. 交通与旅游融合发展规划目标体系研究[J]. 公路，2021，66

（3）：187-192.

[2]章希. 公共交通创造绿色就业、促进城市发展[J]. 交通与港航，2014，1（4）：64-65.

[3]黄芳. 基于SWOT分析的重庆市农村客运发展策略研究[J]. 交通科技与经济，2021，23（2）：68-74.

[4]张景波. 交通基础设施建设对产业结构转型的影响研究[J]. 云南财经大学学报，2018，34（11）：35-46.

乡村振兴中农民参与程度浅析

——以重庆市綦江区花坝村为例

朱文浩

（重庆移通学院智能工程学院，重庆 合川 401520）

摘 要： 乡村振兴战略是我国政府关于农业、农村、农民振兴发展的战略。农民在乡村振兴中扮演了重要的角色。本研究以重庆市綦江区花坝村为例，分析其在乡村振兴发展中农民参与的现状、存在问题，并对出现问题的原因进行分析，进而提出对策。

关键词： 乡村振兴；农民参与

Analysis on Farmers' Participation in Rural Revitalization

—— A Case Study of Huaba Village, Qijiang District, Chongqing

Zhu Wenhao

(School of intelligent engineering, Chongqing College of Mobile Communication, Hechuan, Chongqing, 401520)

Abstract: The rural revitalization strategy is the Chinese government's strategy on the revitalization and development of agriculture, rural areas and farmers. Farmers' involvement has played an important role in rural revitalization. This study takes Chongqing is Huajiaba Village, Qijiang District as an example, and analyzes its farmer participation in rural revitalization and development. The current situation, existing problems, and analyze the causes of the problems, and put forward countermeasures.

Key Words: Rural revitalization; Farmers' Participation

1 引言

1.1 问题的提出

2017年10月中共十九大报告中提出了乡村振兴战略，它是我国政府关于农业、农村、农民振兴发展的战略。党中央从我国的国情和战略全局出发，结合我国城乡关系变化特征和农村发展规律提出了乡村振兴战略。乡村振兴战略的提出，明确了新时期农村发展的方向，厘清了推动城乡发展的思路，提出了农民参与现代化乡村治理的新要求。乡村建设和群众息息相关，离不开群众的支持和参与。能不能调动起农民参与的积极性，这是关系到乡村振兴的成败，关系到乡村振兴战略实施的重大问题。

农民作为农村的主体，是农村生产力中最活跃的因素和农村社会进步的推动者，也是乡村建设的主要受益者、参加者、监督者和管理者。以农民为主体，以农民为基本依靠力量，尊重农民的意愿，最广泛最充分地调动农民建设新农村的积极性、主动性和创造性，是乡村建设的基础。缺少了农民的参与，乡村建设就会成为无本之木、无源之水，就不可能实现长久和可持续。

重庆市綦江区花坝村人口基数较小，有9个村民生产小组，1046户，总人口2403人，共占地4.2平方公里，地理优势在于距离綦江主城区极近，直线距离仅3公里。花坝村在实施乡村振兴战略中进行了不少探索和实践，在经济、生活环境等方面取得了一定成效，但同时也出现了一些问题。那么，农民在该村发展中扮演了什么样的角色呢？农民参与对于该村发展起到了什么作用？农民参与的程度又如何？

1.2 研究的意义

1.2.1 理论意义

党的十九大报告将"坚持农民主体地位"确立为基本原则，要求"充分尊重农民意愿，切实发挥农民在乡村振兴中的主体作用，调动亿万农民的积极性、主动性、创造性"。这些都是亟须讨论和解决的问题。在经济、社会、文化、生态等各领域的振兴实践中，农民如何参与？会遇到哪些普遍性问题？如何进一步提高农民参与的积极性和效能？本文将从理论上对当前乡村振兴中农民作用发挥情况、农民参与乡村建设的积极性等因素进行全面深入的分析和梳理。

1.2.2 实践意义

研究乡村振兴中农民参与问题，这是对坚持以人民为中心的发展思想和全心全意为人民服务的理念、共享发展理念的贯彻落实，具有重要的现实意义。本文从花坝村建设的个案出发，进行发散性、扩散式的研究，全方位探究乡村振兴中农民参与不足的现象和原因，探索提出针对性的解决对策。这对唤醒农民主体意识、提高农民自身素质、提升乡村建设实效，乃至维护农民合法权益、实现乡村和谐稳定、实现乡村治理的现代化、实现整个乡村振兴战略都将起到十分重要的作用。

2 乡村振兴及农民参与

从乡村振兴所涵盖的内容来看，农民参与乡村振兴是其对乡村组织管理、乡村产业发展、文化生态建设与人才建设等方面所付诸的行为，具备了方式多样化、涉及内容多层面的特点[1]。乡村治理本身就蕴含着作为乡村社会治理主体之一的农民主体的参与。因此，乡村治理中农民参与应当包括四方面的参与，即政治参与、经济参与、文化参与和社会公共事业参与。农民直接参与村庄事务的管理分为三种形式：一种是进入权力体系参与管理（如村委会）；一种是作为村民代表参与村务管理；再有就是根据村民委员会组织法，参加村庄召开的各种会议并发表自己对村务的意见或者是通过各种渠道表达自己对村务或政府政策的意见等。

3 花坝村乡村振兴中农民参与现状及问题

3.1 花坝村乡村振兴相关情况

花坝村于 2018 年走上乡村振兴道路，在第一书记的带领下开展乡村建设，2020 年成为重庆美丽宜居乡村，"一村一品"示范村。该村主要打造观光农业，比如西瓜、草莓、樱桃等作物，还自己创立农业有限公司和劳务建筑有限公司。与此同时，积极完善基础设施建设，包括交通设施建设、厕所系统改造、路灯改造、庭院改造及美化等。以此，将乡村特有的自然景观、民风民俗等融为一体。花坝村还构建电商平台和农产品之间的连接渠道，解决贫困户滞销的"土货"。然而，在乡村发展中，也存在一些困境，比如，公共设施不完善，未通客运，进村交通不便，旅游公厕配套欠缺。

3.2 花坝村乡村振兴中农民参与现状

花坝村在乡村振兴中体现了农民主体作用，鼓励农民参与。农民以已有的村内组织架构作为参与的方式。该村建立了九个生产小组，通过小组之间开会讨论出问题，再由组长汇报给村政府。当地政府再把乡村振兴的部分任务交给农民去实施。花坝村农民参与乡村振兴具体分为以下几个方面。

3.2.1 农民参与基础设施建设

新农村建设中最基础、最核心的是基础设施建设。基础设施关系到农村的公共服务水平，关系到农村的经济社会发展，关系到农村的整体面貌提升，是实现农业农村现代化的总目标的必然要求，也是实现城乡融合发展、构建新型工农城乡关系的内在要求。花坝村通过给各小组布置相关基础建设任务，由组长告知组员，再由全组一起完成基础建设，确保做到了全员参与基础设施建设。

3.2.2 农民参与农村产业发展

党中央提出了乡村振兴战略 20 字总要求，"产业兴旺、生态宜居、乡风文明、治理有效、生活富裕"。其中，排在第一位的要求就是"产业兴旺"，只有做到产业兴旺才能做到乡村振兴。花坝村作为一个农业村，产业基础相对薄弱，所以当地政府选择自创产业和引进外来产业。自创的产业也是由当地农民组成，外来产业也有当地农民的加入。

3.3 花坝村农民参与存在的问题

通过实地访谈得知，虽然本地农民参与了一些基础建设，但是他们并不知道这些建设对他们有何帮助，参与这些建设的积极性不高。对产业的参与，没有做到全员参与，且参与的人选并未得到多数人的认可。当地农民虽然设立了九个生产小组，但是小组很少对相应的政策进行探讨。当地农民对维护建设的热情度不高，认为那些建设与自己无关，思想觉悟还有待提高。

4 影响农民参与程度不高的原因

4.1 自身因素

影响农民参与程度不高的因素包括主观和能力两个方面。首先，在主观上，思想保守陈旧，因为留守在花坝村的老年人居多，思想方面比较保守、刻板，不愿意改变。农民对农村事务的参与有赖于人们对公共事务的普遍关注，只有普遍关注，才会有主动参与的意识。而自给自足的自然经济生产生活方式，使得社会生活很难扩展到公共领域，因此忽视了农民的参与。农民的整体素质不高，很多农民对乡村振兴具体是怎么一回事都不是很了解。

其次，在能力上，农民能力欠缺。有的农民表示自己文化水平不高，乡村振兴要搞什么东西都搞不清楚，而且也不理解政府做出的一些决策，更不知道怎么参与。

最后就是人口的流失，多数本地农民选择外出务工、留在城市，留在村里的普遍都是中老年人，这些人的时间和精力都有限，难以承担乡村振兴的重任。

4.2 政府宣传力度不足

宣传发动是做好工作的重要前提，特别是对于文化素质普遍还不是很高的广大农民来说，做好宣传发动是推动农民参与的重要基础条件。宣传发动不到位主要表现在三个方面：一是传播渠道比较单一，农民接收不到；二是宣传内容没有讲清，农民认识不到；三是宣传方式不够鲜活，农民不愿接受。群众普遍具有从众心理，广大农民在这方面表现得也比较普遍。鼓励农民参与乡村建设往往需要氛围，氛围形成了就会产生带动作用，就会带动农民参与乡村建设。氛围没有形成的原因，一是缺乏带头人，二是缺乏认同感。

5 鼓励农民参与的措施

5.1 加强对农民的教育

鼓励和引导农民参与乡村建设，提升农民文化素质是基础、关键。要坚持把提升农民文化素质作为基础工作和关键之举，切实抓好农村精神文明建设各项工作任务，为农民参与乡村建设提供坚强支撑。要提升农民的受教育水平，只有农民的整体素质上升了，乡村振兴战略才能更快更好地完成。

5.2 加大宣传力度，增加参与热情

基层党员干部是群众的身边人，在群众中往往很有威望和威信，基层党员干部的言行对农民具有较强的影响力，因此要充分发挥基层干部的作用，加大对乡村建设的宣传，切实用身边事教育身边人。要充分利用村干部大会、党员干部大会等方式强调乡村建设工作的重要性和意义，将乡村建设的重要性和意义由干部传递给群众，自上而下进行发动。党员干部应以实际行动来为村民树榜样，引领村民积极投入乡村振兴中去。

参考文献

[1] 曾凡军，韦锦银. 乡村振兴中的农民参与：现实困境与实现策略[J]. 湖北行政学院学报，2019（3）：35-40.

浅析綦江农民版画的继承与发展

陈侨

（重庆移通学院，重庆 合川 401520）

摘 要：綦江农民版画作为巴渝地区独特的民族民间艺术，历史悠久，人文底蕴丰富，表现形式别具一格。本文拟分析綦江农民版画的继承与发展，通过浅析綦江农民版画的发展历程，提出了相关发展建议：政府给予足够的重视；挖掘商业价值；流行文化和版画的创新融合发展；创新宣传方式和加强有效宣传；农民版画从群众中来到群众中去；培养挖掘儿童版画创作潜力。

关键词：綦江农民版画；非物质文化遗产；继承发展

Analysis of the Inheritance and Development of Qijiang Peasant Prints

Chen Qiao

(Chongqing College of Mobile Communication, Hechuan, Chongqing, 401520)

Abstract: As a unique folk art in Bayu area, qijiang peasant print has a long history, rich cultural heritage and unique form of expression. This paper analyzes the inheritance and development of Qijiang farmers printmaking, through the analysis of the development of Qijiang farmers printmaking process, put forward the relevant development suggestions: the government to give enough attention to support; Mining commercial value; Innovative integration of pop culture and printmaking; Innovating publicity methods and strengthening effective publicity; Peasant prints came from the masses to the masses; Cultivate and tap the creative potential of children's prints.

KeyWords：Qijiang farmers print; Intangible cultural heritage; Inheritance and development

1 綦江农民版画的发展历程及现状

綦江农民版画的历史可追溯到明清时期，源于明清时的木板年画，取材于民间，内容丰富，作品凸显古朴稚拙[1]。二十世纪六十年代起逐步发展起来，版画创作发展困难重重、发展缓慢，四川美术学院的师生经常到綦江区来体验生活，在当地兼职、进行创作等，虽然条件艰苦，但没有影响师生的创作热情。綦江农民版画在二十世纪八十年代开始发展较快，新时期的农民版画以民间美术的画面构成、人物造型、表现手法、色彩运用等艺术语言作为养料，吸收、消化并注入了新的绘画元素，不断地探索、选择、创作。版画工作渐有起色之际，村里办起版画创作班，七个乡成立了版画创作组。綦江人在传承木板年画的基础上，为这门古老的艺术赋予了更加深厚的内涵和艺术语言。"老树绽开新花"，綦江农民版画焕发出新的活力。"綦江县农民版画展"在重庆夫子池展出并获得成功。当綦江农民版画在中国美术馆展出时，在北京引起了轰动。一百一十二幅綦江农民版画作品首次远渡重洋，在美国旧金山展出并获得了巨大成功。从此，綦江农民版画又承载了"文化使者"的使命。随后在全国十八个城市展出，还漂洋过海，在日、美、英、加拿大、瑞士、挪威等十四个国家和地区展出，所到之处深受喜爱，被国内外博物馆广为收藏。国家文化部还正式命名綦江县为"中国现代民间绘画画乡"。綦江农民版画院的成立标志着农民版画的发展踏上了新的里程，之后綦江农民版画被重庆市确定为对外文化交流礼品。如今，中国美术馆已经收藏七十多幅綦江农民版画；荣获国家级奖励的有八十多幅/次，省市级奖励的有近一百幅/次，綦江农民版画被美术界称为"中国的现代派"。四川省文化厅、四川省美术家协会、重庆市人民政府、重庆市文化局先后授予綦江县"农民版画之乡"的荣誉称号[2]。

- 齿轮等工业文化5.71%
- 抗战文化14.29%
- 梨花、木瓜等农耕文化11.43%
- 古剑山等生态养生文化62.86%
- 农民版画40%
- 红色文化5.71%
- 恐龙等地系文化 17.1%
- 羽毛球等运动文化2.86%
- 生殖崇拜11.43%
- 永城、金桥吹打等民俗文化37.14%
- 其他2.86%
- 北渡鱼等美食文化45.71%

图1 重庆市民对綦江农民版画的文化关注度为40%
资料来源：国家数据网

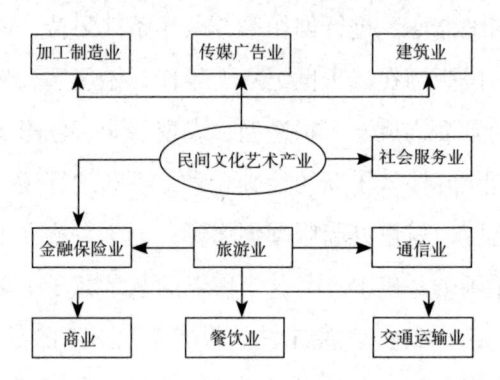

图2 民间文化艺术产业与其他主要相关产业关联图
资料来源：国家数据网

綦江农民版画作为独特的民族民间艺术，其文化关注度也较高，具有丰富的文化价值、商业价值等。民间文化艺术产业与其他主要相关产业的关联性如图所示，对此我们可以从綦江农民版画与相关产业加强关联性的关系角度出发来探讨綦江农民版画的文化产业发展。

2 綦江农民版画的发展建议

2.1 政府给予足够重视和支持

政府引导、支持必不可少，应给予綦江农民版画足够的重视和支持。对于版画相关项目、产业的启动与施行，应给予调查与落实。政府可派相关人员前往全国各地版画产业进行调查、交流、学习，为綦江农民版画的发展提供实践经验、理论经验的借鉴。政府可以聘请版画产业相关的专家到綦江农民版画院实地考察、建言献策。

政府明确职能，对于綦江农民版画的设施设备建设问题，工作人员及时上报给政府，由政府拨款、考察进行落实与建设。县级政府、委员应重视綦江农民版画产业发展导向，了解版画产业发展的方向并进行定期计划。政府可以成立农民版画产业发展领导队伍，不定期召开联席会议，讨论研究农民版画产业发展的重要问题，关注全国版画产业前沿性的发展方向，明确綦江农民版画的产业发展定位和发展目标，相关部门把农民版画产业发展纳入重要议事日程，随时跟进、落实。

政府监督綦江农民版画产业发展，接受监督，提高版画产业的行政水平和工作效率，防止和减少工作失误。政府可建立版画产业的健全制约和监督机制，建立全面的行政监督体系，明确版画产业发展目标，制订相关版画发展的有力措施，严格把控推动落实，每月可提供业绩表和发展情况调查表，随时跟进情况和解决相关产业发展问题。

2.2 挖掘商业价值及创业基地

綦江农民版画商业价值有待深度挖掘和提升。农民版画的观赏性可以推动农民版画的影视创作、广告创作、现场创作、服饰创作、建筑创作，农民版画的观赏性极高，面向观赏群体广泛。影视创作中，版画产业可以拍摄版画相关主题的纪录片、剧情片、动画片等，消费群体多且传播速度快、影响力广泛，可以提升版画知名度。广告创作在产业中十分普遍，传播媒介多且传播速度快。现场创作是比较新颖的商业模式，主要受众是一些綦江农民版画的爱好者和对创作过程感兴趣或想学习借鉴的人士，版画师现场创作、答疑解惑，不仅可以提供版画交流平台，还可有效提升商业价值。服饰创作，将版画元素设计在服饰上，版画色彩丰富，形式多样，设计到儿童服饰、成人服饰、老人服饰、鞋子、配饰、包包等上面，不仅提升了版画产业的商业价值，还可提升服饰的观赏性，为綦江农民版画打造行走的名片。建筑创作中可融入綦江农民版画元素，其构造、色彩都是建筑设计的好题材，建筑的外形可以刻印版画、印染版画等，不仅可提升建筑的观赏性，还可提高版画的知名度和商业价值。除此之外，还可建设綦江农民版画产业发展文化园区，发挥其展示和交易平台的作用，进行拍卖版画、售卖版画等商业性活动。建设版画主题公园，打造学习、观赏、吃喝玩乐为一体的主题公园，培养版画文娱文化，受众群体类型广泛，商业价值高。推进农民版画产业市场化，打造创新创业市场平台，积极引进各地版画艺术家来綦江创业、进行艺术创作，提供专家交流平台，为綦江农民版画注入新鲜血液和强大力量。建立人才培养机制，打造创业基地，为版画产业商业价值提供创新力、创造力[3]。

2.3 流行文化和版画的创新融合发展

綦江农民版画的创造性和艺术性为版画产业与流行文化的融合发展提供强大动力。流行元素如网络各大平台、汽车、个性化娱乐产业、餐饮业、清吧酒吧、拍照打卡网红地等。版画产业可抓住流量制造热点，提高其艺术知名度。綦江农民版画作为艺术创作元素可融入发挥其商业价值、艺术价值。汽车内饰设计的版画元素独树一帜，内饰可以改善为版画的刻印设计，增加汽车的观赏性和个性化。个性化娱乐产业主题多种多样，形式有趣，消费潜力大，如密室逃脱、主题乐园，版画元素设计以其独有的立体质感、丰富色彩、载体多样的特色自然地进入大众视野，不仅增加了消费人群的体验性，还有效提升了版画的知名度和商业价值。餐饮业的店内设计可融入相关版画元素，形成餐饮店独特的风格，令人耳目一新，提升消费能力，间接提升商业价值。清吧酒吧属于流行文化，消费群体多且广泛，对于这些场所室内设计可提升个性化、观赏性，版画元素可融入室内设计，色彩多样，提升室内美感。拍照打卡网红地也可大胆融入版画创作元素，观赏性高，艺术性强，不仅可提升网红地的热度，版画的宣传效果、知名度也会增加。除此之外，还应加强农民版画理论研究，主要与艺术研究院、艺术院校的理论研究结合，不断提高版画创作水平，挖掘版画和流行文化元素的融合。努力开发衍生品，在抓好版画创作的同时，下大力气开发版画衍生品，如服饰、陶艺、家居饰品等，形成多元化、生活化的版画系列产品。

2.4 创新宣传方式和加强有效宣传

綦江农民版画应抓住网络流量风口创新宣传方式，如微博、抖音软件的注册用户数量高达上亿，目前抖音长期位于影音类软件下载量第一，下载次数高达七十亿次，快手也居高不下，下载次数达四十五亿次。綦江农民版画可以注册微博、微信公众号、抖音号、哔哩哔哩官方号等知名平台账号，通过视频、摄影、文章等形式，融合产品和品牌合作、虚拟 AR 等创新方式提升知名度，让喜欢綦江农民版画的观众们有方便"接触"版画的渠道，随时了解和关注綦江农民版画最新信息，进行实时互动、有趣的交流和评论等。县委宣传部、县电视台、县新闻社要利用黄金时间、黄金版面大力宣传农民版画。宣传、文化部门要积极争取在国家、市级传媒宣传农民版画，做到国家主流媒体月月有宣传内容，重庆主流媒体周周有宣传内容，綦江媒体天天有宣传内容。

2.5 农民版画从群众中来到群众中去

綦江农民版画应有从群众中来到群众中去的态度，有效地与大众产生联系，不但可以从群众中得到艺术创作的灵感，从版画创作中发现群众，创作出有温度的綦江农民版画，而且也会对群众进行版画文化的熏陶；打造版画交流学习的平台，开设学习大师版画课程，可有效增强群众对版画的理解和创作版画能力等；加强培养儿童版画创作潜力，儿童时期正是培养兴趣、打基础的阶段，适合培养优秀的版画学子，可在学校开展版画兴趣班或覆盖綦江区域的定点式教学，提供方便的教学环境；为儿童开通"绿色通道"，免费上课、免费参观版画院，赠送版画工具、图书等。

3 结论

综上所述，通过探究綦江农民版画的艺术性和可持续性，提出了相关建议，希望能给綦江农民版画带来经济价值、文化价值，推动綦江农民版画的有效发展。

参考文献

[1]王东方. 数字绘画在黑白木刻版画中的运用与探究[J]. 丝网印刷，2023（23）：51-53.

[2]熊怡. 綦江农民版画[J]. 今日重庆，2010（3）：140-141.

[3]张绍昆. 重庆綦江农民版画文化产业发展问题研究[D]. 重庆：重庆师范大学，2012.

浅析城市化发展中乡村旅游发展的问题

——以重庆市綦江区花坝村为例

冯婷婷

（重庆移通学院淬炼·国际商学院，重庆 合川 401520）

摘 要：随着城市化和乡村振兴战略的发展，乡村旅游已成为现代经济发展的一个热门话题。从最初仅有的单一项目到现在的旅游产业多元化，乡村的旅游发展正呈现着一种欣欣向荣的状态。同时随着我国已经进入全面建成小康社会的决定性阶段，国民收入水平提高，精神生活的价值观念不断提升，使乡村旅游生活的观念更加深入人心，从而带动了乡村旅游的发展。但随着乡村旅游的普及，部分乡村也出现了一些问题。本文将以全国各地特色乡村旅游发展作为案例，从旅游发展方向来分析"乡村旅游"在发展中出现的问题。

关键词：旅游发展；乡村旅游

Brief Analysis of the Problem of Rural Tourism Development in the Development of Urbanization
— Taking Huaba Village, Qijiang District, Chongqing as an Example

Feng Tingting

(The Forge Business School, Chongqing College of Mobile Communication, Hechuan, Chongqing, 401520)

Abstract: With the development of urbanization and rural revitalization strategy, rural tourism has become a hot topic of modern economic development. From the original only single project to the present diversified tourism industry, the development of rural tourism is showing a thriving state. At the same time, as China has entered the decisive stage of a well-off society in an allround way, the national income level increases, and the values of spiritual life continue to improve, which makes the concept of rural tourism life more deeply rooted in the hearts of the people, thus driving the development of rural tourism. But with the spread of rural tourism, some rural areas also appear some problems. This paper will take the rural tourism development of Huaba Village as a case, and analyze the development direction and problems of "Huaba Village Tourism" from the direction of tourism development.

Key words: Huaba village tourism development, Rural tourism development

随着社会的发展进步，人们的生活水平不断提高，外出旅游也日渐加入人们的出行计划之中。从最开始国内的特色景点、名胜古迹，到出国旅游，人们去寻找那些令人流连忘返的地方，现在乡村旅游也进入人们的视野之中。近几年的时间里，人们更是偏爱窑洞式、竹楼式的房屋，不但理想居所在乡村，旅行也慢慢走向乡村。

1 乡村旅游的概念

乡村旅游是以旅游度假为宗旨，以村庄野外为空间，以人文无干扰、生态无破坏，以游居和野行为特色的村野旅游形式。随着乡村旅游的迅速发展，近几年围绕乡村旅游提出很多原创新概念和新理论，如：游居、野行、居游、诗意栖居、第二居所等，新概念和新理论的提出使乡村旅游内容丰富化、形式多元化，有效缓解了乡村旅游同质化日益严重的问题。以往乡村旅游是到乡村去了解一些乡村民情、礼仪风俗等，也可以观赏当时种植的一些乡村土产、果树、小溪、小桥及了解它们的故事[1]。通常旅游活动的内容与乡村性质紧密结合，而在乡村的一系列活动都与自然环境、文化遗产、不一样的传统习俗等有关。乡村旅游无论是建筑还是定居的规模都较小，且具有传统独有的特色，与当地家庭联系在一起，从某种意义上说，乡村旅游的发展有助于维持该地区特殊的农村特色，有效缓解乡村旅游同质化日益严重的问题，且在资源利用方面具有可持续性。

2 乡村旅游发展的现状及类型

2.1 发展现状

自1998年国家旅游局推出"华夏城乡游"，从而形成第一次乡村旅游热潮以来，在我国经济高速发展、各级政府大力开发和推广乡村旅游、城市居民渴望回归大自然等多种因素作用下，中国乡村旅游一直呈现出不断开发、高潮迭起的发展势态。虽然中国乡村旅游已经发展了二十多年并取得了可喜的成就，理论研究成果较为丰硕；产品种类繁多，新产品个性突出；发展模式丰富多样，不断推陈出新；成效显著，影响深远。但是，受多种因素制约，乡村旅游还存在着诸多不足，如理论研究不够透彻，不良开发现象频出，经营项目单调，服务质量不高，管理人员缺失，乡村旅游的产业链尚未健全，环境破坏的现象时有发生等等。为适应乡村旅游蓬勃发展的需要，必须采取一系列有效措施，以确保中国乡村旅游健康发展[2]。

乡村旅游作为一种减小城市和农村之间差距的新型旅游活动，作为党和政府采取的城市化与乡村振兴战略发展的重要举措，在我国已兴起20多年，成效显著，影响深远。2012年全国旅游工作会议提出，乡村旅游蓬勃发展，成为居民旅游消费的重要领域，全国已有3.5万个乡村旅游特色村，年接待游客超过6亿人次，旅游收入超过1 500亿元。中国乡村旅游的发展，对社会主义新农村建设起了极其重要的促进作用。乡村旅游对我国新农村建设的促进作用体现在经济层面——拓宽农民增收渠道。据世界旅游组织统计资料显示，旅游业的投资乘数为4.3，这意味着每增加1元的投资，就能产生4.3元的收益，带动第三产业，促进第一产业，增加农村的资本积累。体现在社会层面，增加了就业机会，扩大就业"内需"。据统计，乡村旅游每增加1个就业机会，就能带动5个农村人口就业。按此计算，目前全国"农家乐"已接近 130 万户，带动 400 多万农民就业。体现在文化层面，提高了农民的科技文化素养。体现在环境层面，促进了农民生态环境意识的养成和乡村环境的改善。

2.2 发展类型

当前，中国乡村旅游活动种类繁多。如果从旅游者赴乡村旅游的目的划分，中国的乡村旅游可划分为八种类型，即乡村观光旅游、乡村农家乐、乡村文化旅游、乡村休闲旅游、乡村度假旅游、乡村健身旅游、乡村体验旅游、乡村探险旅游。过去，以"农家乐"为主要旅游产品的中国乡村旅游，文化含量有限，其主体引力在于环境，因此，乡村旅游产品个性欠缺。现在则不然，不少地区的乡村旅游产品都注重个性开发，以满足不同旅游者的需求。如在中国乡村旅游的发源地成都乡郊，出现了乡村旅游的"五朵金花"，即红砂村的"花乡农居"、幸福村的"幸福梅林"、驸马村的"东篱菊园"、万福村的"荷塘月色"、江家村的"江家菜地"，这些产品围绕"花文化"进行乡村旅游开发，并发展与花文化相关之乡村旅游产业，深深地烙上地方文化烙印，突出了不同地域的个性特色，取得了非常好的效果[3]。

3 乡村旅游发展盲点

3.1 基础设施落后

乡村旅游发展的基础设施落后主要表现在以下四个方面：

一是交通相对不便。虽然有些乡村村内修通公路在一定程度上改善了基本的交通状况，但某些景区旅游路线道路依旧狭窄，制约了乡村旅游的发展。比如湖北省随州市唐镇华宝山村，一个因为黄金蜜枣而众所周知的古村，因为道路狭窄、错车困难而使行程艰难，以至于前来旅游的游客减少；再如重庆市綦江区花坝村，虽然公路完善，但无通勤车辆，无通行车，导致前来游玩的旅人十分稀少。

二是接待能力有限。在游客的吃住问题上表现尤为突出，比如湖北省随州市尚市镇群金村的"桃花文化节"吸引了许多的游客前来体验，但基础设施建设滞后,有没有做好准备工作,直接影响了总体的接待能力,成了制约发展的瓶颈;再如浙江省桐乡市乌镇因为方便的衣食住行,加上其村镇优美的风景,使得该村镇成为旅游手册上的打卡点之一。

三是旅游项目单调。许多乡村的旅游项目仅有"水果采摘""垂钓""乡间散步"等单一的活动项目,导致最初的新鲜感过后便很少再来,这对乡村旅游的发展不利。匮乏的活动项目会导致游客对此地区的新鲜感下降,从而失去游玩兴趣。随着游客减少,村落的经济水平可能会比未开发乡村旅游前更差,更可能导致村内居民对村庄的归属感降低,并且产生矛盾。

3.2 市场发育不成熟

市场发育的不成熟主要表现在旅游资源开发不够。虽然部分乡村自然风景优美,文化底蕴深厚,但优美的自然风景、自然生态资源特色没有得到有效发挥,且尚未转化为具有竞争力的优势产品。对"六要素"挖掘发展还不够完善。"吃住行游购娱"这是旅游产业主要发展的六要素。只有充分挖掘这六要素,才能形成完善和成熟的旅游市场,最终拉动乡村旅游的发展。

3.3 环境影响恶劣

乡村旅游业属于第三产业,产业结构的改变使得农村环境处于尴尬的境地。发展乡村旅游过程中有一个重要的关键点,那就是要对该乡村进行科学的区域规划与开发建设,不能盲目地追求短期经济效益。若缺乏有效的监控和强大的管理能力,那么势必会对农村的环境造成诸多负面影响。通常情况下,一定区域内的环境承受能力有限,而规定的人口数量与旅游的环境必须紧密联系,才能实现乡村旅游的可持续发展。由于乡村旅游游览时间的集中,外来人数的突然增加,产生的垃圾总量也在不断增加,加大对环境的压力,而有些人不经意间的行为方式,也可能无形之中对环境产生一定的破坏作用。由于人口的集中,导致污染物大量产生,严重污染水源、土壤、植被、大气,如各种塑料袋、包装袋、一次性餐具等"白色污染"和旅游饭店中的剩饭剩菜、瓜果皮核、菜根菜叶等垃圾。由于村庄的公共设施条件落后，不具备城市那样完善的处理污水的系统，所以，各种垃圾在下水道或小溪中，污染将更加严重。同时人流、物流、客流的拥入，使得村落对水、电、燃气等资源消耗增大，有限的自然资源已经无法满足人们日益增长的物质、文化以及精神需求。

4 解决办法

一是加强乡村旅游地基础设施、公共服务项目、安全保证项目建设，为的是更好地吸引游客，因为乡村旅游的发展不仅有助于文化的交流，还可以促进社会文明程度的提高。可促进历史古迹的保护及民族传统文化的发展，促进旅游区卫生的改善和基础设施的建设。在促进环境质量改善的同时推动对野生动植物及环境的保护。但旅游产业的发展也会给旅游区的社会治安带来隐患，对旅游区居民健康产生不良影响，因此加强基础建设更是重中之重。

二是开发旅游专线，为游客提供便利。以重庆市綦江区花坝村为例，花坝村的道路让人望而生畏，大道路途遥远，大概行走2个小时，小路崎岖险峻，十分不便于行走，若该村镇与公共汽车、客车、出租车等进行合作，在为游客提供便利同时也会增加村内的经济收入。

三是鼓励私营企业，使民间资本与政府合作，开发新的旅游项目，以吸引更多的旅游者。创新乡村旅游投融资体制机制，引导金融机构加大对旅游企业和旅游项目的融资支持，解决乡村旅游资金投入问题。

四是加强环境保护，制订一系列的出行规则，把乡村生活的方方面面与国家的政策相结合，以达到在资源利用方面的可持续性发展。在环境保护方面也不容有任何闪失，对于我们取之用之的自然，我们应该爱护它。

5 结论

我国乡村旅游经过近20年的发展，由初期比较单一的"农家乐"模式发展并形成多种多样的乡村旅游新模式。目前乡村旅游大体分为六种模式："农家乐模式""高科技农业观光园模式""农业新村模式""古村落的开发模式""农业的绝景和胜景模式""与景区兼容模式"。新的乡村旅游模式也在不断涌现，如在一些地区出现了以新鲜、收获、家庭化为特色的"观赏农业、采摘林业"模式，以体验、竞赛化为特色的"休闲渔业、体验牧业"模式，以就地取材、就地交易为特色的"手工业、乡村艺术"模式。此外，在一些地区还出现了乡村酒店、文化主题村落等新式的乡村旅游发展模式。

当今社会经济文化迅速发展，国民的生活日益变好，文化不断交融。出门旅游，成了成年人放松精神压力的方式之一，成了家庭家长与孩子联络感情的重要方式之一，同时也成了老年人"延长寿命"的一种特殊方式。旅游文化对当代社会虽然有着积极的影响，而其消极影响同样也不可以忽略。但旅游文化会在发展中不断完善，促进经济社会的发展。

参考文献

[1]畅秋菊，王燕利. 标准化助力乡村旅游发展：以山西省为例[J]. 中国标准化，2020，（4）：117-120.

[2]陈蒙杨. 乐清市仙溪镇乡村旅游发展研究[D]. 南昌：江西农业大学，2017.

[3]王世金，白永平. 基于社会主义新农村建设的乡村旅游发展思路[J]. 广西社会科学，2006，（11）：5-7.

乡村振兴背景下农村发展策略研究

——以綦江区花坝村为例

李铧榕

（重庆移通学院数字经济与信息管理学院，重庆 合川 401520）

摘 要：不平衡不充分的发展影响和制约着人民对美好生活的不断向往。小康社会已全面如期建成，而作为我国经济重要组成部分的乡村振兴刚刚启航。本文对农村发展策略的研究提出有用的建议，让之后农村的发展多一条新路。

关键词：乡村振兴；农村；发展策略

Research on Rural Development Strategy under the Background of Rural Revitalization

— Taking Huaba Village, Qijiang District as an Example

Li Huarong

(College of Digital Economics and Information Management, Chongqing College of Mobile Communication, Hechuan, Chongqing, 401520)

Abstract: The unbalanced and insufficient development affects and restricts the people's continuous yearning for a better life. A moderately prosperous society in all respects has built as scheduled, and rural revitalization, as an important component of China's economy, has just set sail. This article conducts research on rural development strategies and proposes useful recommendation to provide a new path for rural development in the future.

Key Words: Rural revitalization; Countryside; Development strategy

1 概念

1.1 乡村振兴战略

乡村振兴战略是习近平总书记在党的十九大报告中提出的。十九大报告指出，农业农村农民问题是关系国计民生的根本性问题，必须始终把解决好"三农"问题作为全党工作的重中之重，实施乡村振兴战略。在乡村振兴背景下，乡村经济是如何发展的，以怎样的方向发展，这是农村发展需要研究的重要问题。本文旨在以綦江区花坝村发展策略为例，多角度分析乡村振兴背景下农村发展策略研究，对不同发展策略做出分析，为之后乡村发展提供借鉴经验。

1.2 綦江区花坝村

花坝村是重庆市綦江区古南街道下辖的行政村，花坝村与清水村、宗德村、南山村、连城村、蟠龙村、名山村、金桥村、两路村、尖山村、春光村、农场社区、飞鹅社区、枣园社区、綦齿社区相邻。2020年7月，重庆市首批美丽宜居乡村名单出炉，花坝村榜上有名。

花坝旅游景区位于重庆市綦江区石壕镇万隆村。距重庆外环高速巴南站118千米，重庆主城各区目前经兰海高速、渝黔高速至花坝约2.5小时左右可达，交通便捷。至2017年底，花坝大桥和渝黔高铁全面建成，重庆至花坝自驾约需1.5小时，乘高铁1小时；与贵广高铁实现无缝对接后，到贵阳1.5小时，到广州6小时。

花坝旅游景区地处四川盆地与云贵高原接合部，大娄山脉中段，地势南高北低，以山地、丘陵为主，总面积13.8平方千米，核心度假板块海拔处于1200—1500米之间，平均海拔1350米，是避暑度假黄金海拔，最高峰神鹰山海拔 1848 米，由于独特地势与海拔优势，花坝景区常年云雾变幻，清爽富氧，风景如画，与重庆主城的气候截然不同。2020 年 11 月 24 日，重庆市"一村一品"示范村镇名单出炉，花坝村榜上有名。

2 花坝村发展策略

2.1 改变交通条件

要想富，先修路，乡村振兴，路网先行，打通脱贫之"路"，修路是脱贫成功的关键要素之一。近几年，我国许多乡村地区开始增设公路，致富路修到家门口，大道平坦，宽阔乡道，往来交织，水泥路通到了农民的房前屋。以前的花坝村土路难以行走，四轮车在路上驾驶极不方便，更别说让游客走进花坝村。修了水泥路后，不仅游客愿意走进花坝村，愿意在花坝村旅游，而且本地的村民出行也方便多了。一条条水泥路，通向花坝村，农民的致富路也越走越宽。农村公路是老百姓看得见、摸得着的实惠，在提升农民幸福感、获得感的同时，也使乡村奔向小康具备了"加速度"。增路是乡村振兴中的重中之重，路通了，解决了出行难的大问题，也为花坝村日后发展打下了基础。

2.2 发展电商带动农副产品销售

在互联网技术尚未延伸到农村地区之前，花坝村农民对外界信息多半是通过电视、报纸等方式了解。思想观念的落后，导致花坝村农民对农产品的销售方式传统且单一，主要是靠单独的零售或者卖给当地的大众批发市场，市场狭小，许多农产品卖不出去，供过于求。随着移动互联网和智能手机在花坝村全面覆盖，改变了花坝村村民保守的消费思维。当前，农村电商作为新业态已经渗透到农业产业链的整个过程，成为调整农村产业结构和促进农村经济发展的新引擎。在村支书的带领下，花坝村催生了一批农村电商行业，构建电商平台和农产品之间的连接渠道，解决贫困户滞销的"土货"，打造长凼河边公众号。"电商企业＋合作社＋贫困户"，这种电商扶贫模式促进了农民与市场的有效对接，拓宽了农产品销售渠道，促进了农民增收，打通了"工业品下乡，农产品进城"的通道，解决了物流"最后一公里"难题。农村电子商务平台能给农民带来网上农贸市场、农村特色旅游、网上农家乐等，真正服务于三农，使农民成为平台的最大受益者。在这种电商带动的模式下，花坝村不仅增加了经济收入来源，也提高了农产品的知名度，扩大了其销售市场，增加了客源。不仅如此，花坝村作为旅游资源较为丰富的农村，更应该发挥电子商务平台的作用，通过平台可以更好地宣传、提高本地知名度，介绍本地旅游特色、本地土产品，带动人气，增强旅游竞争力。通过农村电子商务平台，加强对本地特色产业品牌企业的宣传，扩大知名度和影响力，增加竞争力，增加收入，更好地发展乡村经济。

2.3 合理利用农村剩余劳动力

劳动力是经济发展中的主力军，优质劳动力对农村经济发展起推动作用。花坝村开展草莓园采摘活动，做好草莓的生产和销售、出口、宣传各个环节需要大量劳动力，就业岗位的出现，吸引了花坝村大量无业农民就业。将农村闲置劳动力留在农村工作，能够让农民得到稳定可观的收入，对农村劳动力充分就业具有重要的意义和价值。綦江区花坝村农家乐将农业与休闲、观光、旅游联系起来，建设了具有观光休闲特色的农庄，建设了高效的农业设施，实现农民就地富起来，可促进农村基础设施建设、农村景观建设和农村生态环境保护，推动农村社会的现代化进程，促进农民提高自身素质，增加了农民收入，激发了农民工返乡创业的积极性。綦江区花坝村农家乐的开展，让许多在外务工的花坝村村民回到了农村，且收入可观，许多劳动力得到了回流。

2.4 发展特色乡村旅游

通过构建乡村特色旅游，推动文化发展，全面打造美丽乡村、特色小镇、绿色城镇等乡村特色旅游项目，让乡村变成人们向往的地方，促进乡村振兴战略，对决胜全面建成小康社会起到重要的作用。农家乐是一种新兴的旅游休闲方式,是农民向城市人提供的一种回归自然从而获得身心发展的休闲旅游方式[1]。依托丰富的山水生态资源和优越的区位条件,花坝村村中开了四家农家乐农村休闲地,为綦江城区提供了参观农村生态景观的机会。村里除了有秀美的风景,还有一个采摘园。以前单卖草莓赚钱,没有多少收入,现在发展草莓采摘园,就是负责修剪管理,挣钱还更多,收入比以前翻了两三倍。花坝村打造休闲、观光于一体的特色农业园区,不仅增加了收入,也加强了对农村环境的治理。

2.5 整改村容村貌

十九大报告中指出,新时代我国社会的主要矛盾是人民日益增长的美好生活需要和不平衡不充分的发展之间的矛盾。我国社会主要矛盾已经发生了变化,美好生活是离不开环境的美好生活。不仅仅是生活水平的提高,还包括生活质量的提升,环境的优劣将直接影响人们生活品质的好坏。在农村,由于地缘和血缘的关系,人民居住在一起,形成一个个村落,在很长一段时间里,因为发展的不均衡、资源分配的不合理,农村的公共基础设施相当缺乏,村民按部就班地生活,按照以前的习惯将生活产品的垃圾自行处理,乱扔、乱倒、随意丢弃,同时自己的行为潜移默化影响着周围人,大家纷纷效仿。以前的花坝村也是一个荒凉的山沟沟村,但是随着乡村振兴的发展,花坝村逐渐改造环境,开始环境治理,不仅把土路修成了公路,还在公路两边修建路灯,将原本的黄土变成了一片片绿地草坪,许多花种在上面,修建了农村公园。花坝村村支书给农民讲环境保护知识,并且开展讲评制度,将环境评分列在单榜上,前几名的将给予奖励。花坝村现在的环境还在继续向更好的方向发展,生活水平、生活质量不断提高,满足了花坝村村民对美好生活的需要。

3 启示

綦江区花坝村从增加公路、发展电商带动农产品的销售,将农村剩余劳动力利用起来,打造美丽城市后花园,开设草莓园,美化花坝村环境,振兴花坝村的发展，符合乡村振兴战略的发展规则，促进花坝村经济发展，增加了花坝村村民的收入，治理了花坝村的环境。可从中得到以下几个方面的经验：

3.1 交通方面

交通运输是发展经济的关键。交通运输通过影响市场分工，从而推动生产力和经济的发展。当前以农业结构调整推进农业产业化经营为主线，产业化的农业不再局限于农业生产，要向产前和产后延伸。农业经营产业链上，各个环节都要形成专业化分工并参与市场竞争，交通运输的发展打破了农业生产原来自给自足的小生产格局，各地之间的劳动地域分工得到了充分发展，具有专业特色的农业区域经济发展起来，能够发挥区域比较优势，构建区域化规模化的生产格局。

3.2 电子商务方面

农村电子商务已经成为培育农村现代产业的新形态，是挖掘农民增收新空间、开启农业农村发展新征程中不可或缺的中坚力量。电子商务搭建了农民和消费者近距离接触的平台，增强了农民对市场的认知和把握，转变了仅凭经验、感觉主观决定种子品种的被动局面。大量农民正在使用互联网改变自己的生产经营活动，农民可以按照消费者的需求进行农产品生产，使得农产品能满足市场的需求。

3.3 产业结构方面

建设新农村，让农民脱贫致富，过上小康生活。这是仅仅依赖种植业所无法达到的。返乡农民由于打工的经历，他们思想比较解放，视野比较开阔，要积极引导他们从农业转向非农业，从单纯种子业向养殖业、工业、建筑业、运输业、商业服务业等行业迈进。并给予他们更多的支持，帮助他们搭建创业平台，营造良好的创业环境。同时在返乡农民的示范和带动下，未曾外出打工的一些农民也受其影响，转向非农业产业，促进农村原有产业结构的改变。

3.4 村容村貌方面

建设美丽乡村，是促进农村经济社会科学发展、提升农民生活品质、加快城乡一体化进程、建设幸福大埔的重大举措，是推进新农村建设和生态文明建设的主要抓手。改造乡村地区的村容村貌是非常重要的环节。村政府可采取有力措施，不断加大对农村垃圾、污水治理、农村环境卫生日常管护，加强对村庄规划编制、村容村貌提升等工作的统筹谋划，加大科学管理、资金投入力度。

4 总结

本文从綦江区花坝村的自然地理条件和人文地理条件出发，分析了花坝村在乡村振兴中的发展策略。花坝村在乡村振兴中应改变交通条件，利用电商带动农副产品发展，合理利用农村闲置劳动力，发展农村特色旅游，整改村容村貌等，使花坝村经济、环境等取得较大发展。

在乡村振兴发展中，花坝村要注重环境保护，维护生态平衡，促进人与自然和谐发展。

参考文献

[1]央广网．山西孝义打造城市后花园 实现乡村振兴[EB/OL].（2018-05-27）[2022-05-26].https://www.sohu.com/a/233076493_362042.

浅析乡村振兴背景下留守老人养老问题

——以重庆市綦江区为例

林露蕾

(重庆移通学院数字经济与信息管理学院，重庆 合川 401520)

摘 要：随着乡村振兴工作的开展，农村留守老人养老问题日益凸显，相比其他弱势群体而言，农村留守老人获得的社会关注度十分有限。本文通过对重庆市綦江区的实地调研，了解了留守老人的养老现状，分析了留守老人养老问题在乡村振兴背景下取得的成效和可提升的空间并提出相应的建议，希望引起社会的充分关注。

关键词：留守老人；养老金；养老缺位

Analysis on the Old-age Care of the Left-behind Elderly under the Background of Rural Revitalization
— Take Qijiang District, Chongqing as an Example

Lin Lulei

(College of Digital Economics and Information Management College, Chongqing College of Mobile Communication, Hechuan, Chongqing, 401520)

Abstract: With the development of rural revitalization, the problem of old-age care for the left-behind elderly in rural areas has become increasingly prominent. Compared with other vulnerable groups, the left-behind elderly in rural areas have received limited social attention. Based on the field investigation in Qijiang District of Chongqing, this paper understands the present situation of old-age care for the left-behind elderly, analyzes its achievements and room for improvement under the background of rural revitalization, and puts forward corresponding suggestions, hoping to arouse the full attention of the society.

Key words: Left-behind elderly; Pension; Lack of pension

1 释义

1.1 留守老人

留守老人是指因全部子女长期（通常为半年以上）离开户籍地进入城镇务工、经商或从事其他生产经营活动而在家留守的父母。从定义上可以看出，留守老人这一社会现象常见于农村。同时，由于20世纪80年代以来"外出打工潮"的席卷，如今这些留守老人以60岁到70岁的低龄老人为主。

1.2 养老

养老有两层含义，一是指侍奉赡养老人，二是指年老闲居休息。本文所探讨的养老是指侍奉赡养老人，分别从国家政府、社会团体、子女后辈三个角度、物质和精神两个层面分析乡村振兴背景下留守老人的养老。

2 留守老人的形成路径

2.1 经济原因

城乡差距不断扩大，为了谋求更多生存和发展的机会，以青年人为主的大量农村劳动力主动或被迫流向城镇。对于初入城市的农村打工族来说，由于先天获取的教育资源相对贫乏，很多进城务工人员专业知识匮乏，对公司的运行模式和竞争态势也知之甚少，只能从事偏体力劳动的工作。与此同时，从小的农耕生活培养了他们艰苦朴素、勤恳耐劳的韧性，于是为了获得更多的机会和资源，或者为了工资、奖金、加班费、年底双薪等更多的报酬，他们不得不选择频繁加班、身兼数职、带病到岗等高强度的工作方式，因而丧失了大量可支配时间，根本无法顾及留守在家的父母。

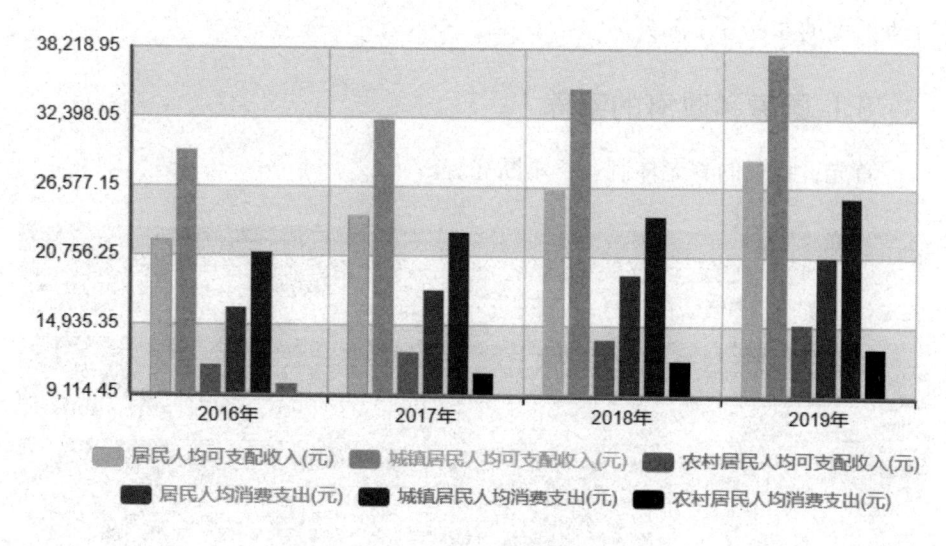

图1　2016-2019年居民可支配收入[1]

2.2 心理原因

由于许多留守老人祖祖辈辈都生活在农村，有的甚至从未离开过村子进入到城里，即使在城镇安家落户的子女想请他们去居住，他们也不肯轻易搬离，也就是人们所熟知的"安土重迁"。"安"主要是三个方面，一是放心不下地里的一草一木、家里的一牲一畜，舍不得让养活自己多年的还可以继续循环的生态就此断裂；二是害怕自己已经太过年老愚钝，跟不上城市生活的潮流，许多先进设备不会用，熟悉的事情又不能做，在城里自身受到约束的同时也帮不上儿女什么忙，甚至还给他们添乱；三是预感自己时日不多，最后的日子不愿意再折腾，只想待在最熟悉的地方，顺其自然，最后落叶归根。

还有一部分子女，他们在年纪很小的时候就进城务工，童年时期父母为了生计和他们相处的时间也很少，导致现在他们与留守在家的父母感情并不深厚，对留守老人问题并未引起足够的关注和反思，进而任其发展。

3 乡村振兴背景下重庆市綦江区留守老人养老工作成效

以重庆市綦江区为例,本文将养老分为国家和政府的奉养、社会奉养、子女后辈的奉养三个部分。

3.1 国家和政府的奉养

首先,我国的养老体制一直不断完善。

2016年	《关于全面放开养老服务市场提升养老服务质量的若干意见》	通过政府补贴、产业引导和业主众筹等方式,加快推进老旧居住小区和老年人家庭的无障碍改造,重点做好居住区缘石坡道、轮椅坡道、公共出入口、走道、楼梯、电梯候梯厅及轿厢等设施和部位的无所障改造。
2017年	《"十三五"国家老龄事业发展和养老体系建设规划》	坚持党委领导、政府主导、社会参与、全民行动,着力加强全社会积极应对人口老龄化的各方面工作,着力完善老龄政策制度,着力加强老年人民生保障和服务供给,着力发挥老年人积极作用,省力改善老龄事业发展和养老体系建设支撑条件,确保全体老年人共享全面建成小康社会新成果。
2018年	《关于建立城乡居民基本养老保险待遇确定和基础养老金正常调整机制的指导意见》	建立激励约束有效、筹资机制清晰、保障水平适度的城乡居民基本养老保险待遇确定和基础养老金正常调整机制。有五项主要任务:完善待遇确定机制,建立基础养老金正常调整、个人缴费档次标准调整、缴费补贴调整三项机制,实现个人账户基金保值增值。
2019年	《普惠养老城企联动专项行动实施方案(2019年修订版)》	鼓励银行、保险、基金等各类金融机构参与合作,对专项行动提供多层次多样化金融服务。引导战略合作机构积极对接government,并针对性开展金融产品创新。
2020年	《关于促进社会服务领域商业保险发展的意见》	支持商业保险机构创新开发符合初创企业、科创企业及相关新业态从业人员保障需求的保险产品和业务。
2021年	《关于开展专属商业养老保险试点的通知(征求意见稿)》	一是为新业态群体提供养老保障。允许相关企事业单位为新产业、新业态从业人员和各种灵活就业人员投保专属商业养老保险提供交费支持。本次拟推行的专属商业养老保险试点,可以很好弥补针对新业态群体养老保障的不足,为其提供交通的养老保险产品。二是建设养老保险第三支柱的重要方向。专属商业养老保险试点的推进可以对第一支柱(基本养老保险)起到补充作用,同时连接企业年金与个人养老金,支柱间的转换,进一步加强对于养老保险第三支柱的建设。三是对险企的产品设计及资金管理提出更高要求。专属商业养老保险产品整体周期长、以养老保障为目的。需要注重资金的长期配置管理以及收益的稳定,对于各险企的长期资产管理能力提出考验。此外,产品的可转换功能要求险企在产品设计过程中,提供积累期各投资组合间的转换功能,增强灵活性,并在领取期提供多元化的领取方式。

表1 2017-2021我国养老体制改革指导性文件

3.1.1 留守老人对自身养老权益关注度的提高

重庆市綦江区政府全面贯彻国家各项政策,以花坝村为例,通过走访发现,该村在乡村振兴之后,除了外来的一些承包商,留在本村的原住民基本上都是六旬以上的老人,而他们中又基本上都是留守老人。通过对这些留守老人的调研了解到,当地村委会能够及时地向他们传达国家的各项最新的养老政策,帮助留守老人享受自己的养老福利。与此同时,老人们自己也表示,在村委会积极帮助下,在社交视野不断开阔的影响下,他们的政治意识较以前也有了明显的进步。现在,老人们每天主动收看中央电视台《新闻联播》《天天630》等与自己切身利益息息相关的电视栏目,及时关注村里的政务公开栏,有问题也会向村里的干部咨询。可见,乡村振兴背景下农村留守老人对自我养老权利的认知度得到显著提高。

3.1.2 留守老人自身收益渠道的拓宽

花坝村乡村振兴的主要方向是乡村旅游和水果采摘，需要集合一定的建设用地，而村里的耕地基本都是这些留守的老人所有，在村委会的宣传和引导下，老人们把地租给了承包商，村里的土地得到了较为合理的开发利用。据悉，草莓基地一年付给的租金约为每亩地 500 元。这笔费用虽然远远不够留守老人们生活，但是把大部分土地租给承包商，同时他们仍有一部分自留地可以进行耕种，这样做既能通过土地流转获得财产性收入，又能减轻农业劳动强度，缩短传统劳作时长，为留守老人其他收入渠道的拓宽留出了空间。

随着乡村振兴工作的开展，新兴的职业需求也开始涌现，村委会抓住机遇，鼓励留守老人再就业、再创业。例如，维护公路及游览设施清洁，定期清除观赏区杂草，打扫鱼塘边鸭子留下的粪便等，这些劳动周期短、强度相对较低的工作更加适合留守的低龄老人，让他们在家门口就能获得工资性收入。又如，引导留守老人抓住采摘旺季的游客红利，自主贩卖家里的土鸡蛋、老母鸡、绿色蔬菜水果等特色农产品，以此获得经营性收入。

3.2 社会奉养

社会对留守老人的奉养主要体现在精神层面上。

乡村振兴为花坝村引来了更多的交流机会，诸如学校、公益性社会组织自发组成的慰问老人的志愿者团队来到村里，他们不仅成了农产品销售的一批客户，更可贵的是带来了更多的人文关怀。

调研路上，花坝村居民住宅墙上精美别致的墙画格外具有吸引力。据悉，它们出自綦江区南方翻译学院艺术专业的同学们。就此专访发现，老人们大多都展现了对这些图画的喜爱，并表示乐意跟这些学生、志愿者进行交流。这些学校组织和社会团体成员年龄大都与老人的子孙相仿，并且怀揣着对长辈的敬爱之心，在很大程度上给常年见不到自己孩子的留守老人带来了精神上的慰藉。

3.3 子女后辈的奉养

近年来，子女后辈们奉养老人的成效主要表现在经济的改善上。通过对花坝村留守老人的面对面交流发现，老人们基本都能收到儿女外出务工寄回家的赡养费，少部分老人表示有了这部分钱，自己原则上就能不参加其他的劳动，颐养天年。儿女打钱给他们的频率大多是一年一次，有的是每年固定打入银行卡账户，有的是年末回家以红包的形式给老人。而随着近年来经济社会的不断发展，工资水平的逐步提高，老人们收到的赡养费也有了一定的上涨。

总的来说，子女后辈的经济支持占了大部分留守老人收入来源的一半以上，成为他们养老生活的经济支撑。

4 重庆市綦江区留守老人养老存在的问题

重庆市綦江区的养老工作取得了一定的成效，但同时也存在一些不容忽视的现实问题。

4.1 国家政府层面

政府在养老这个问题上一直不断探寻，当下依然面临一些问题。

4.1.1 城乡养老条件对比下呈现的政策问题

受经济发展水平、覆盖面、养老负担、居民收入、养老金替代率和基金率的影响，我国城乡居民养老保险财务可持续性较低且存在区域差异。农村留守老人作为一个特殊群体，养老保险水平相较于城市退休老年人仍有较大差距。

通过调研发现，花坝村的留守老人年轻时大都从事农业或零碎散工，受当时"土农民"的收入来源和知识水平的限制，很多人并未缴纳社会保险，并且商业保险在当时农村的普及度和受重视程度也较低，等老人们了解到这些时为时已晚。本文认为这也是"超级农民"顾益康提出"为中国人民谋幸福，就应该为老年农民建立退休制度"[2]的原因之一。

总之，相较于同一时期知识面更广、就业机会更多、就业岗位更有保障、政策消息更灵敏的城市退休老人而言，闭塞的环境在很大程度上造成了农村留守老人养老条件的不友好。

4.1.2 农民工对返乡就业创业呼吁的响应问题

农民工是否有意愿、有能力返乡就业创业，直接关系到家庭养老能否充分实现的问题。

乡村振兴以来，政府大力号召农民工返乡就业创业，但回乡定居创业的年轻人还是寥寥无几。以花坝村为例，年轻人回乡创业的方向局限于农家乐，而农家乐的市场也相对狭窄，产业附加值不高；就业方面，乡村振兴引进的企业所提供的工作岗位在环境、工资、福利待遇等多方面都不及城市的很多工作岗位，因此鼓励返乡就业、返乡创业的效果并不显著。

4.2 社会层面

社会组织虽然大都受到花坝村留守老人们的好评，但也存在一些局限。

首先，社会团体流动往来的关怀转瞬即逝，并不能真正成为老人们的精神支柱，志愿者们离开后，老人们的生活又归于平淡。其次，团体内部人员流动也较为频繁，许多成员与老人也仅有一面之缘，在没有感情基础的情况下，纵然与老人的子女后辈再多相似，也只能发出"我不是归人，是个过客"的感叹。并且他们中的许多人都是带着特定的任务前来的，这种工作性质的任务如果太多，容易覆盖掉关怀的本意，有些提问甚至可能给老人带来一些心理上的压力。再次，社会团体之间存在沟通壁垒，时间冲突容易增加老人接待负担，降低慰问预期效果。加之慰问方式缺乏创新，千篇一律的内容如果集中到一起更加容易使人倦怠。

4.3 子女后辈层面

养儿防老是中华民族几千年来的传统思想，养育子女是为了预防年老后无依无靠，儿孙满堂、膝下承欢这样简单的想法现在对于留守老人们来说都已经成了梦想。当下子女们在留守老人养老生活中的缺位问题主要在以下几个方面：

4.3.1 基于当下现实困境的养老缺位

子女外出工作繁忙，鲜少回家，甚至往家里打钱都是一年一次的事情，这种现象在一定程度上反映出子女工作的繁忙，他们甚至没有时间去银行给父母转账，更不用说有时间回家探望父母了。

在调研花坝村留守老人样本中，仅有一户老人表示自己的儿子是一名教师，每半年就能回来看望自己，一住就是一两个月；多数是一年回家一次，就是过年的几天；还有相当一部分几年才回家一次；甚至有个别受访者表示自己的子女出去打工后除了父母一方逝世安葬那两天就再也没回来过。通过深入调研发现，越是表示子女难得回家一趟的老人，他们的儿女数量上越多，并且子女大都自身面临经济、情感等困境，如自身残疾、中年守寡、子女夭折、失业破产、陷入法律纠纷等。这些问题使年轻人自顾不暇，难以分神照顾在老家留守的父母。

4.3.2 基于童年情感缺失的养老缺位

回家频率不仅跟子女现阶段的经济状况、工作性质有关，还跟子女和父母长期以来建立的亲子关系密切相连。通过深入调研发现，受时代背景的影响，现在不爱回家的子女以前基本都是某种意义上的"留守儿童"。他们小时候，有的父母远赴他乡常年不归，有的虽然父母就在村里山上务农或做工，但每天早出晚归见面少，父母也不懂得和子女沟通，并未有效地参与孩子们的生活，亲子关系从小便比较疏离。

鉴于此，我们进一步调研了花坝村老人与子女日常的沟通状况，结果表明，孩子童年时与父母交流得多的，现在也更加频繁地往家里打电话。其中，我们了解到的亲子关系最亲密的一户留守老人，他的儿子还专门为其配备了智能手机，方便他们进行视频通话。

4.3.3 逃避法定义务的养老缺位

我国《老年人权益保障法》第14条规定："赡养人应当履行对老年人经济上供养、生活上照料和精神上慰藉的义务，照顾老年人的特殊需要。赡养人是指老年人的子女以及其他依法负有赡养义务的人。赡养人的配偶应当协助赡养人履行赡养义务。"

在花坝村调研中我们了解到，有部分自身能力足够赡养父母的子女有逃避赡养义务的倾向。他们以自我判定的父母偏爱谁就该谁养、家庭主妇没有经济来源等不合法的理由将自己的责任向兄弟姐妹推诿，最终造成了家里人丁兴旺的留守老人成了"孤寡老人"的局面。

5 对綦江区养老问题的建议

乡村振兴其他方面的成果日益显著，农村留守老人养老问题也就日益突出，因此，我们要正确认识农村"留守老人"的养老问题，通过社区养老、社会养老和家庭养老相结合的养老保障体系，不断健全留守老人养老制度。

5.1 国家政府层面

农村的老人既没有单位也没有退休金，生活相对艰辛。在这一背景下，养老保险日渐成为除了"养儿防老"之外的又一农村养老方式，是农村居民共享经济发展的重要方式。

基于此，上级政府应继续完善养老政策，为农村留守老人提供补缴养老保险金的机会和渠道，同时合理引导商业养老保险的流入，分散财政的养老负担。

下级政府应加强对留守老人的精神关爱，花坝村村委会可以借鉴綦江新兴社区的模式，多组织一些适合老人参加的集体活动，拉近留守老人之间和老人与村干部之间的距离。同时向某些子女不愿意履行赡养义务的留守老人，提供相应的法律援助，切实保障留守老人的切身利益。

与此同时，国家和社会也应给予农民工更多的就业机会和社会保障。研究发现，税收减免、贷款担保、用地优惠和产业扶贫这四类财税扶持政策总体上都能显著提升返乡创业企业经营绩效。[3]村里面也可以根据自身发展创造更多的就业岗位，组织返乡农民工技能培训，提倡家庭养老与社区养老相结合，间接促进留守老人养老情况向好的方向发展。

5.2 社会层面

慰问留守老人的社会团体主要是由青年志愿者组成的，研究发现，民间青年志愿者组织的发展受到制度环境、社会资本和组织能力3个方面的影响与制约，而这3个影响因素又分别包含多个次维影响因素。[4]从其自身来说，社会团体应加强自身建设，提高团队素质，规范成员行为举止。在志愿活动中以"献爱心，送温暖"为主，避免过度的"审讯式""窥探式"的言行，干扰老人的正常生活。同时可以根据自身团体特点，创新慰问方式，给留守老人带去不一样的体验。社会团体之间也应该加强联系，相互学习，共同搭建志愿服务的大舞台。

5.3 子女后辈层面

家庭养老是解决留守老人养老问题的关键一环。

当下，传统的家庭支持体系在逐渐削弱，对老年群体的日常生活照料和精神慰藉方面的支持越来越不足。研究表明，子女的经济支持保障了空巢老人在收入和健康维度免于被剥夺；子女的非经济支持则在一定程度上降低了空巢对老人主观福利维度的剥夺。[5]该项研究中空巢老人的定义与本文的留守老人大致相同。

因此，子女不仅要在经济上照顾老人，也应并重精神上的慰问，尽量抽出时间常回家看看，在尊重老人意愿的前提下，帮助他们选择合适的养老模式。[6]提倡多种养老方式综合，既有传统养老的子孙膝下承欢的天伦之乐，也要享受时代和科技发展带来的新型养老红利，以此分担家庭的养老负担。[7]

6 总结

本文分析了留守老人的定义、经济与心理上的形成路径，以重庆市綦江区花坝村实地调研实例为载体，记录并分析了乡村振兴背景下农村留守老人的真实生活现状，指出其发展的成效和局限性，并借鉴綦江新兴社区的发展模式提出自己的建议，以此希望未来有更为深刻的研究。

参考文献

[1]国家统计局．2016-2019年居民可支配收入[EB/OL]．（2020-04-15）[2022-05-26].https://www.stats.gov.cn/sj/?eqid=9bdaa0930000acb30000000664452e2a.

[2]段小萍，高诚．城乡居民养老保险财务可持续性区域差异及其影响因素分析[J]．金融发展研究，2021（5）：59-67.

[3]赖惠能，周宇，董科娜."超级农民"的心愿：提高农民养老金！[J]．小康，2021（6）：62-64

[4]周正晓．潍坊市峡山区农村养老保险调查研究[D]．泰安：山东农业大学，2024.

[5]王轶，陆晨云．财税扶持政策何以提升返乡创业企业经营绩效？：基于全国返乡创业企业的调查数据[J]．现代财经（天津财经大学学报），2021，41（6）：56-72.

[6]曹玉梅．民间青年志愿者组织发展影响因素的扎根理论研究[J]．中国青年研究，2021（6）：7.

[7]邓婷鹤．家庭养老模式转变与农村老年人贫困变化研究[D]．北京：中国农业科学院，2019.

浅析重庆市綦江区义务教育发展中的问题及对策

任虹霏

（重庆移通学院淬炼商学院，重庆 合川 401520）

摘 要：随着物质生活水平大幅提升，人们对精神文化层面的追求也越来越高，教育就是其中的重要一环。由于地区城乡经济发展水平不同，这也导致城乡地区在教育资源上存在一定差距。具体表现为：城乡中小学学生受教育水平差距较大。本文以綦江区作为研究对象，从城乡义务教育资源入手，探究城乡义务教育发展中存在的问题，并从不同的角度提出解决问题的方法。

关键词：发展；城乡；义务教育；均衡

Analysis of Problems and Countermeasures in the Development of Compulsory Education in Qijiang District of Chongqing

Ren Hongfei

(The Forge Business School, Chongqing College of Mobile Communication, Hechuan, Chongqing, 401520)

Abstract: In the contemporary society where people's material life has been greatly improved, the pursuit of spiritual and cultural level is also higher and higher, and education is an important part of it. Due to the different levels of economic development in urban and rural areas, there is a certain gap in educational resources between urban and rural areas. The specific performance is: there is a large gap between urban and rural primary and secondary school children's education level. This paper takes Qijiang district as the research object, starting from the resources of urban and rural compulsory education, explores the problems existing in the development of urban and rural compulsory education, and puts forward the methods to solve the problems from different angles.

Key Words: Development; Urban and rural areas; Compulsory education; Balance

1 研究背景

自我国 1986 年颁布《中华人民共和国义务教育法》到 2020 年，全国义务教育阶段学校共有 21.08 万所，如图 1 所示，九年义务教育巩固率达到 95.2%。[1] 我国义务教育虽已发展多年，成效卓越，但由于我国幅员辽阔，各地区经济文化发展状况都有所不同，因此各地区之间的义务教育水平依然存在差距。具体而言则是城、乡义务教育水平相差较大，本文以重庆市綦江区城乡义务教育为例分析此问题。

图1 全国义务教育规模及九年义务教育巩固率
资料来源：中华人民共和国中央人民政府网

2 义务教育的概念

义务教育是指国家权力机关通过法律的形式，规定所有适龄儿童和青少年都必须接受一定年限的义务教育，并要求国家、社会、家长必须予以保证。1986年颁布的《中华人民共和国义务教育法》[2]规定适龄儿童和少年都必须接受九年义务教育，而2018年重新修订后的《中华人民共和国义务教育法》也重申了这一点。

3 城/乡的概念

依照国家统计局《统计上划分城乡的规定》[3]可知：城区是市辖区和不设区的市、区、市政府驻地的实际建设连接到的居民委员会和其他区域。镇区是指在城区以外的县人民政府的驻地和其他区域。与政府驻地的实际建设不连接且常住人口在3000以上的独立矿区、开发区、科研单位、大专院校等特殊区域及农场、林场的厂部驻地视为镇区。乡是指该规定以外的区域。目前城乡划分有三类，一是将其划分为城市、县镇和农村；二是将其划分为城市（包含县镇）和农村，三是将其划分为城市和农村（包含县镇）。[4]本文将以第二种为划分标准。

4 綦江区义务教育现状

綦江区2020年数据统计农村学校共有83所，其中农村小学有44所，总占比为53%。城市学校共52所，城市小学有18所，占比为35%。其中，綦江区义务教育阶段的中小学归属于教育部门的一共有133所，占比为98%。由此可见，綦江区现阶段的义务教育和全国各地区一样，以国家投资为主。从学校数量上来看，綦江农村小学多，这是由于农村地区大，较为分散引起的。但农村的普通初中数量却较少，从数量上呈现出区域教育资源分配不均的现象。

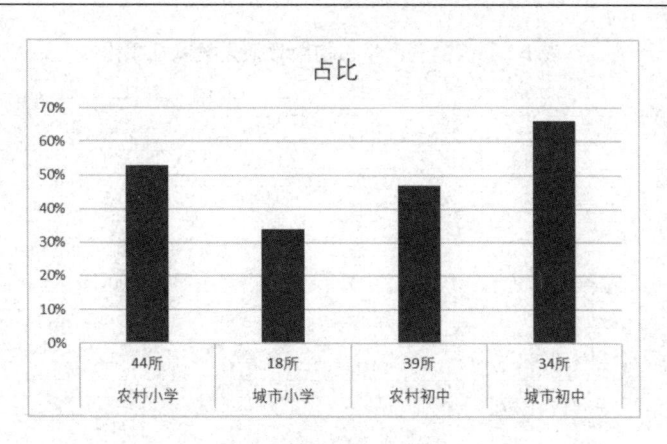

图2　44所为农村小学

5 綦江区城乡义务教育资源对比

5.1 师资资源

由表 1 可以看到，綦江区平均每个农村小学的教师数量为 21 人，而城市小学的教师数量平均可达到 70 人，城市中发展较好的小学，教师数量甚至突破了 100 人。大专学历在小学教师中有一定占比，但城市中的学校，教师的学历一般都是本科及以上，城市教师资历中有高级教师和特级教师。綦江区义务教育小学阶段的师资资源，从数量和教师的学历、资历来说，城市和农村存在着不平衡的现象。

而把綦江区部分初中学校师资进行对比后发现，城市初中每所学校教师人数普遍能达到百人以上，而农村的初中教师数量分布一般都在百人以下。并且在城市初中教师群体里，高级教师、一级教师、特级教师的数量都远远高于农村。

总的对比綦江区中小学师资，农村师资力量远比不上城市。除了教师的数量差距明显，农村和城市教师之间的学历和职称差距也越来越明显。

表1 綦江部分小学、初中教师人数以及职称

学校名称	类别	办别	城乡	教师情况
重庆市綦江区城南小学	小学	教育部门	城市	现有教师38人，高级教师20人，大专以上学历33人，骨干教师6人
重庆市綦江区陵园小学	小学	教育部门	城市	教职工125人。曾有3人被评为特级教师，6人被评为中学高级教师
重庆市綦江区南州小学	小学	教育部门	城市	109名教职工中，90%的专任教师具有大专以上学历，其中中学高级教师3名，小学高级教师39人
重庆市綦江区桥河小学	小学	教育部门	城市	30名教职工，其中高级教师27人，大专以上学历的占90%
重庆市綦江区通惠小学	小学	教育部门	城市	全校共有教职工48人，学生555人，学区中心教研组成员2人，本科学历18人，大专学历22人
重庆市綦江区吹角小学	小学	教育部门	农村	教职工20余人
重庆市綦江区分水小学	小学	教育部门	农村	教职工21人
重庆市綦江区吉安小学	小学	教育部门	农村	教职工20人
重庆市綦江区莲石小学	小学	教育部门	农村	教职工25人，其中小教高级10人、小教一级12人
重庆市綦江区罗家小学	小学	教育部门	农村	教职工21人
重庆市綦江南州中学校	完全中学	县级教育部门	城市	教职工306人，其中县学科中心教研组成员19人，高级教师38人，一级教师111人
重庆市綦江区三江中学	完全中学	县级教育部门	城市	257名教职员工
重庆市綦江中学	完全中学	县级教育部门	城市	全校420名教职员工中，具有中、高级职称教师170人，重庆市特级教师2人，研究员2人
重庆市綦江区古南中学	初级中学	县级教育部门	城市	教职工215人
重庆市綦江区莲石中学	初级中学	县级教育部门	农村	教职工29人，其中中学高级教师1人、中学一级教师7人
重庆市綦江区万兴中学	初级中学	县级教育部门	农村	教职工27人，高级教师3名，中级教师14人
重庆市綦江区永城中学	初级中学	县级教育部门	农村	教职工45人
重庆市綦江区柴坝学校	初级中学	县级教育部门	农村	教职工70人
重庆市綦江区大罗学校	初级中学	县级教育部门	农村	教职工58人

5.2 学校软硬件

学校硬件即为学校开办资金，其中包括学校建设工程投资和校园内部设备投资。如基础的有教学楼、宿舍、课桌、黑板、风扇等等；提升的有综合楼、实验楼、图书馆、投影仪、空调等等。学校软件即为学校研发成果、各大学校之间的合作等等。

在此，綦江城市中小学以陵园小学、綦江中学为例；农村中小学以莲石小学和莲石中学为例。

从建校资金来比较，陵园小学通惠校区分校区建成，总投资超过10亿元，其中工程投资4600万元[5]；而莲石小学的开办资金为27万元[6]，由财政资金全额拨款。陵园小学通惠校区总占地面积22000平方米，建筑面积为1100平方米，建设包括教学综合楼、运动场等[5]。綦江中学在2019年进行了学生课桌椅采购、新校区学科教室、艺术楼设备采购、第四次空气节能设备采购、电梯采购、室内装潢采购等[7]；綦江中学的开办资金为2233万，莲石中学的开办资金为120万[7]。通过比较可以明确綦江区城市中小学的硬件设施要更好于农村中小学的硬件设施。

而从软件上来说，陵园小学和綦江中学都与巴蜀对应中小学在教学、科研等方面有广泛合作，实现优质教育资源共享，共同促进教育教学发展[5]。

綦江区农村中小学软硬件都与城市学校有较大的差距，尤其是在软件方面，城市好学校的强强联合更使资源差距加大，因此綦江区在农村和城市学

校的软硬件方面仍需协调。

6 綦江义务教育存在的问题

6.1 綦江义务教育阶段城乡学校的数量问题

綦江区位于重庆市南部，地处四川盆地与云贵高原接合部，地形以山地为主。在山地地形的影响下，綦江地区的交通建设较为困难，农村地区尤为明显。农村受到交通不便的限制，政府就不能将更多的适龄儿童聚集到一个规模较大的学校，而是选择将学校零散化布置，以较多的学校数量来满足对农村教学辐射。綦江地区农村小学数量和城市相比要更多一些。但綦江农村地区学生、教师数量都较少，办学规模不大，受此影响初中学校的数量就远少于城市。

綦江区义务教育阶段城乡学校数量的差距问题为农村地区的初中分布数量不足。

6.2 綦江义务教育阶段城乡教师的差别问题

綦江农村地区学校教学设施不完备，和城市相隔较远，交通不便，整体生活条件较为艰苦。乡村教师没有较好的生活保障，在经济方面很难支持教师长久待在乡村。因此虽然綦江区教师总群体数量在不断扩大，但愿意去当乡村教师的群体却较小。

綦江地区城市中小学教师数量大于农村中小学教师数量，城市中小学教师处于饱和状态，在应聘要求上则会比乡村教师更高。因此城市中小学教师的学历一般在本科及以上，但农村教师学历有本科及以上的就较少。城市教师在岗位继续学习深造的机会也比乡村教师多，城市一级、高级教师的占比也会比乡村多。

綦江义务教育阶段城乡教师差距体现在教师的数量以及学历上。

6.3 綦江义务教育阶段城乡学校软硬件设施不均衡问题

綦江区城市交通通达，学生可以集中，因此中小学的规模较大。规模较大则学校建设总投资就多，当学校形成规模效应后，学校就会得到长久持续的发展；学校的总投资多，则学校的硬件设施配置就会更好，教学条件好，学习气氛也更好，学校就会得到进一步的发展。而城市中小学教学水平逐步提高后则会和其他学校形成教学联合，学校的软实力会更高，而这就是在硬件设施跟上之后的隐形效应。反观綦江农村中小学，在学校建设分散、学生数量不多的情况下，每所学校的投资小，学校的规模也小，学生逐年减少，有些学校甚至在消亡。綦江区城市中小学的硬件设施和软实力都比农村中小学强。

7 应对措施

綦江区城乡教育资源不平衡的问题如果长时间得不到改善，后续必将会产生较为严重的抢夺教育资源的恶性循环，而后产生一系列社会不和谐因素，现在必须从政府、社会、教师多个角度采取相应措施。

7.1 政府角度

首先，政府要起到主导作用。从经济层面来讲对乡村中小学资金拨款要有一定量的提升。先让乡村中小学利用资金解决学校基础设施存在的问题，让学校教学环境得到改善，提升乡村学校的硬实力，再提升教师的工资和福利待遇，让教师愿意去乡村，并且愿意留在乡村，在师资力量上提升乡村学校的软实力。当然对于学生的身心健康也需要一定量资金的投入，保障学生健康成长。其次，在相关教育政策方面也应该对农村中小学有一定的倾斜，让农村中小学在发展的道路上有更多的助力。

7.2 社会角度

綦江义务教育阶段各个中小学的资金投入主力是政府，因此在义务教育相关资源分配上，尤其是在资金方面会存在比较大的城乡差距。但是在资金上，社会可以给予一定帮助，如企业家们可以给学校捐款。对于农村义务教育阶段教师不足的问题，也可以组织未毕业的师范生下乡进行一定时长的志愿者教学服务。针对农村中小学教育资源不足的问题，企业或者个人也可以开发在线教学软件，实现教育资源的共享。

7.3 教师角度

城市教师响应国家号召，积极下乡，和乡村教师互相讨论教学经验，相互学习完善，将自己的活力和新观念带入乡村，给学生带来不一样的受教体验。教师也应该站在自己的专业角度，在教育方面提出一些建设性的意见并努力实现。

8 总结

本文重点分析了綦江区义务教育中城乡中小学数量、师资力量、学校软硬件设施现状以及其中存在的问题，用来说明綦江城乡义务教育资源不平衡。

对于綦江区城乡义务教育资源不平衡的问题，提出从政府、社会、教师多方面的解决措施，政府加大在经济和政策层面向农村中小学的倾斜力度，企业家也可为农村中小学捐款，师范生可到乡村学校去当志愿者，企业可推进教育远程共享软件和资源开发，城市教师也应响应国家号召下乡教学。

总的来说，我国九年义务教育的覆盖率和巩固率都在逐年上升，越来越多的适龄儿童享受到了义务教育这一福利。只是在义务教育发展阶段，城乡之间义务教育出现了一些小问题，但我国今后义务教育的前景和未来是光明的，这些问题最终会被解决。

参考文献

[1]中华人民共和国教育部．2020年全国教育事业统计主要结果[EB/OL]．（2021-03-01）[2022-05-26].http://www.moe.gov.cn/jyb_xwfb/gzdt_gzdt/s5987/202103/t20210301_516062.html.

[2]中国人大网．中华人民共和国义务教育法[EB/OL]．（2019-01-07）[2022-

05-26].http://www.npc.gov.cn/zgrdw/npc/xinwen/2019-01/07/content_2070254.htm.

[3]国家统计局．在统计上城乡是如何划[EB/OL].（2008-07-01）[2022-05-26].https://www.stats.gov.cn/zs/tjws/tjbz/202301/t20230101_1903381.html.

[4]陈锋．基于财政视角的城乡义务教育均衡发展研究 [D]．青岛：中国海洋大学，2014.

[5]重庆市綦江人民政府网．陵园小学通惠校区正式落成 袁勤华出席活动[EB/OL].（2020-09-01）[2022-05-26].http://www.cqqj.gov.cn/zwxx/qxdt/202009/t20200901_7830442.html.

[6]重庆市綦江区人民政府．重庆市綦江区莲石小学2022年部门预算情况说明[EB/OL].（2022-02-14）[2022-05-26].https://www.cqqj.gov.cn/zwgk_159/fdzdgknr/czyjs/ys/jy/202209/P020230920518458113397.

[7]重庆市綦江人民政府网．綦江中学采购政务公开[EB/OL].（2022-02-14）[2022-05-26].https://www.cqqj.gov.cn/cqs/searchResultPC.html?tenantId=44&configTenantId=44&areaCode=500110&searchWord=%E7%B6%A6%E6%B1%9F%E4%B8%AD%E5%AD%A6.

浅谈綦江版画发展的现状与不足之处

张维红

（重庆移通学院淬炼商学院，重庆 合川 401520）

摘 要：重庆綦江版画源于明清年间的木版年画，它构图明快，色彩艳丽，取材于广大农民群众的生产生活实践，具有浓郁的民族民间风情和生活气息，是中国传统民间艺术的特色代表。我们可以把这种民间艺术持续地传承下去，本文通过对现今綦江版画发展情况的考察，提出对綦江版画发展的有利建议。

关键字：綦江版画；发展；建议

Analysis on the Current Situation and Shortcoming of Qijiang Print Development

Zhang Weihong

(The Forge Business School, Chongqing College of Mobile Communication, Hechuan, Chongqing, 401520)

Abstract: Chongqing Qijiang printmaking originated from the woodblock New Year pictures in the Ming and Qing Dynasties. It has a bright composition and bright colors. It is based on the production and life practice of the broad masses of farmers. It has a strong national and folk customs and life atmosphere. It is the characteristic representative of Chinese traditional folk art. We can continue to inherit this folk art. Through the investigation of the development of Qijiang printmaking, this paper puts forward some favorable suggestions for the development of Qijiang printmaking.

Keywords: Qijiang Prints, Development, Recommendations.

1 引言

綦江农民版画是起源于明清年间的木板年画，是一种用刀子在木版上雕刻出来的图画，它采用人工拓印的方法制作而成，构图明快，色彩艳丽而浓厚，作品取材于广大农民群众的生产生活实践，记录了农民生活的实际状况，具有浓郁的民族民间风情和生活气息，是巴文化传统民间艺术的特色代表。20 世纪 80 年代初，在当地政府和文艺工作者的共同努力下，綦江农民版画开始崛起。随着时代的发展与社会转型的深化，乡村与城市之间的差别日益缩小，新一代农民画家的思想变得更加开放和包容。在题材以及创作手法上都有了改变。但是綦江版画在迎合了现代审美情趣的同时却也丢失了农民本身古朴稚拙的"乡土"味儿。在市场化、商业化进程中，艺术价值与政治利益产生了矛盾，綦江版画没有分清版画艺术价值与经济价值的主次关系，丢失了传扬綦江版画的初心。同时綦江版画在其宣传方面力度不够大，文创方面的物品类型少，这也是发展过程中产生的问题。

2 綦江版画发展现状

2.1 綦江版画走向世界

经过各方共同努力，綦江农民版面取得辉煌成就，蜚声海内外，各种荣誉接踵而至。1983 年 12 月 9 日，"綦江县农民版画展"在重庆夫子池展出并获得成功后，綦江农民创作的数千幅版画作品，先后在全国十八个城市展出。不仅进入了中国美术馆，还漂洋过海，在日、美、英、加拿大、瑞士、挪威等 14 个国家和地区展出，所到之处深受喜爱，被国内外博物馆广为收藏。1985 年四川省文化厅、四川省美协、重庆市人民政府授予綦江"农民版画之乡"的荣誉称号；1988 年，国家文化部正式命名綦江县为"中国现代民间绘画画乡"。日本日中艺术研究会为表彰綦江农民版画取得的成就，派人专程从日本赴綦江赠送了三座金杯。2001年7月，綦江农民版画院成立，标志着农民版画的发展踏上了新的里程。2003年重庆市确定綦江农民版画为对外文化交流礼品。2004年12月1日，市政府召开"关于加快綦江农民版画产业发展有关问题"的专题会议，并专门下发了市政府专题会议纪要。2008年国家文化部又命名綦江为"中国民间文化艺术之乡"。綦江农民版画还远渡重洋，先后应邀赴美、英、法、日、德、加、挪威、中国香港等20多个国家和地区展出，备受世界美术界的关注。迄今为止，綦江农民版画已有超过1500幅作品被中国美术馆、各省市博物馆、中国驻外大使馆和国外美术馆收藏。农民版画从乡间走向了世界，让世界都感受到中国乡村的"乡土"味儿，体会到农民生活中的乐趣。

2.2 綦江版画艺术走进生活

2010年綦江印象版画公司成立后，致力于研发、设计并销售綦江农民版画相关衍生生活用品和旅游商品，綦江印象版画公司将綦江农民版画家的版画作品收购过来，再根据版画内容的不同寓意，综合市场需求和客户意见，开发设计出各种衍生的文创产品。把艺术做成了产业，这样不仅宣传了綦江版画艺术，让人们欣赏到綦江版画，也为綦江带去了一定的经济利益，带动了綦江的经济发展。綦江印象版画公司的产品平台上，不仅有各式版画图案的服饰、箱包，以及版画风的杯子和碗，还有印着版画的鼠标、U盘等"办公四件套"。[1]

2.3 綦江版画走进校园

綦江区教委"以艺术教育为突破口，全面推进素质教育"，坚持在全区中小学校增开特色版画课，以促进綦江少儿版画的发展，将綦江二十四节气绘本纳入校本课程进行教学，借此储备綦江农民版画的后备军，将版画长久地传承下去。2019年5月22日至24日，綦江农民版画市级非物质文化遗产传承人李成芝参加重庆市第十届"文化遗产月"非遗进校园系列活动，走进沙坪坝区、渝中区、南岸区的6所学校，为孩子们展示綦江农民版画的制作技艺，深受学生欢迎。[2]2019年12月5日，一本描绘綦江二十四节气、介绍綦江物候、人文、历史的绘本走进綦江两所小学，成为图书馆借阅书籍，[3]这让孩子们从图画中喜欢上农民版画，从而培养下一代农民版画传承人。

3 綦江版画发展的问题

3.1 綦江版画艺术创作问题

綦江地处四川盆地东南（重庆）与云贵高原（贵州）的接壤处，属于山地丘陵地带，文化属性为山地文化，境内居住着十六个民族，是一个多民族杂居区。由于地理环境和历史条件等诸多因素的制约，以往綦江生产力比较落后，交通闭塞，民风淳朴，文化相对滞后，社会生活带有神秘色彩，而正是这种独特的自然、人文风貌孕育出了独具一格的綦江农民版画。但随着近年来社会经济的高速发展，农民画在文化交流中逐渐失去了各自原有的个性，在创作内容、艺术风格、表现形式等方面出现趋同的态势，主要表现在绘画内容的接近、重复以及形式语言的直接挪用。[4]綦江版画也就失去了它原有的"乡土"特色。下面以两幅綦江版画作品为例：

《巴渝十二景》是作家李宗顺的作品，是对农民版画的一次大胆创新，拓印上更追求色彩的厚重感和层次感，通过实地考察，将民间传说故事融入版画创作中，让景区的灵魂活了起来。其构图夸张浪漫，色彩厚重，展现了綦江版画的乡土气息。《苗乡月夜》是綦江一名版画作家的作品，描绘了一对苗家情侣夜深时坐在院子吹笙的幸福和谐的画面，表现了对生活、对情感的赞颂。这幅作品主要以线条的方式，用幽冷的色彩。夸张的动作表现了人物的情感，更有艺术感，与刮画作品有些相似。但是缺少了浓重的色彩感，减少了綦江农民版画的乡土气息。创新不意味着改变綦江版画各自原有的个性和其原有的特色，而是更好地传承。

3.2 綦江版画宣传力度问题

綦江版画因为有当地政府的积极宣传，在市场扩展方面取得了一些成果，也走进了全区中小学的课堂。为了宣传綦江版画，綦江县也经常举办版画展览，通过"走出去、引进来"的方式，不仅提升了对外的宣传，也扩大了社会影响力。版画是众多画种之一，又是綦江的地方文化。然而，大众群体的受众面却不足，在人们所熟知的绘画方式里没有版画，除了经常接触到版画的人们，在外面的兴趣班里，也很少有版画这种绘画方式。綦江版画与油画、国画相比，人们对其的关注度和版画的吸引力显著不足。同时綦江版画及其文创的衍生产品类型还是较少，缺乏创新性的产品，也没有融入人们的生活，无法吸引更多的人。

3.3 艺术价值与商业化价值的矛盾

綦江农民版画在政府的关注和扶持下，已经走上市场化道路，借助政府举办的农民版画艺术节，农民版画在招商引资上取得巨大成功，自身经济价值得到充分开发，进而带动了地方经济的发展。通过发展有关綦江版画的商业，提高了綦江的经济效益。綦江农民版画经过这一系列的市场化运作，经济价值确实有很大提升，但民族民间艺术的价值不能以是否自负盈亏与创收增效为准绳，不应设立相应的经济指标，这样只会拖累压垮綦江农民版画院，而把农民版画推回到自生自灭的老路，这就远离了政府保护和发展的初衷。綦江版画的艺术价值应大于其商业价值，而不是为了綦江版画的商业价值而去改变綦江版画，如此，这样的版画艺术便不能称之为綦江版画。为了更好地发展綦江版画，我们就要处理好艺术价值与商业价值的关系。

4 对綦江版画发展的建议

4.1 艺术创作与本土文化相结合

在綦江版画艺术创作上，农民画家在面对这样的时代冲击时，应该要坚守阵地，切实取材于当地独特的文化，紧扣当地的民族风情、生活气息，可以在绘画中描绘出綦江现代都市人们的生活，也可以用画笔描绘乡下村落中人们的生活，表现手法可以大胆、也可以创新，自由发展，无拘无束，这样的綦江版画才有真正的灵魂。时代在改变，唯一不变的是画家们创作版画的初衷。

4.2 利用公共平台扩大宣传

在宣传上可以依靠如今正流行的抖音短视频等 App，打造属于綦江版画的官网，让对版画感兴趣的人去了解、去欣赏綦江版画。将綦江版画创作者创作版画的过程拍成小视频发到抖音上，还可以直播讲解自己作品的由来、思路以及画中所表现的含义，以此吸引更多的人加入到版画创作中。版画绘画者还可以拍一些简单的教学，让没有绘画基础的人自己也可以创作出版画，从中体会到创作版画的乐趣，通过实际体验让更多的人认识版画，了解綦江版画，喜欢綦江版画。在举办文化艺术节之时，可以将优秀的版画艺术作品拿到周围的大学里展览，以及现场创作和介绍，包括綦江版画的起源历史、发展历史，这有利于扩展大众的文化视野，让更多的人知道綦江版画。而綦江版画文创的衍生产品可以与时俱进，在某些产品的包装上可以印上綦江的版画，甚至出一版版画套装系列，比如乡下的四季。在一些小饰品上以及各种生活用品上也可以有版画的出现，形成多元化、生活化的版画系列产品。

4.3 平衡艺术价值与商业化价值的矛盾

在面对艺术价值与商业化价值矛盾上，我们在发展版画经济效益的同时也不能丢失了版画创作的初衷，让他们有更多自由发展的空间，画家们在轻松自如的环境中创作才能孕育出好的作品，推动农民版画的良性循环。在綦江版画商业化发展上，改进商业模式，引进更多的人才，去创新，贴合时代的发展，为綦江版画的发展打造一个强有力的后盾。

5 结论

綦江农民版画是一种具有独特魅力的民族文化艺术，是历经千百年的文化积淀，是盛开在艺术花丛中有着其独特芳香的花。在綦江版画的发展上，既要保留其原始的"乡土"气息，綦江农民版画夸张的表现手法，用色的大胆、随心所欲，折射出农民画家淳朴的胸怀和超人的心智，能将自己的感情很好地表现出来，这种创作方式要永久地传承下去。所以就要不断地去宣传，加大綦江版画的知名度，让更多的人了解綦江版画。在商业上的宣传，在课堂中的宣传，在国际上的宣传，在网络上的宣传，都可以让綦江板画更好地流传下去。也希望綦江版画可以发展得更好，在拥有独属于自己的市场化道路的同时，在与时俱进的同时，始终保持农民版画的传统特色和独有风格，拥有自己的灵魂，创造出一个更美好的未来。

参考文献

[1]央广网．重庆綦江农民版画续写非遗文化的魅力[EB/OL].（2019-02-14）[2022-05-26].https://baijiahao.baidu.com/s?id=1625541694991119627&wfr=spider&for=pc.

[2]李振兵．綦江非遗进校园[N]．綦江报，2019-05-29（A3）．

[3]人民网．让孩子更了解家乡 綦江二十四节气绘本进校园．[EB/OL].（2019-12-06）[2022-05-26].https://cq.cqnews.net/cqqx/html/2019-12/07/content_50740143.html.

[4]王静．綦江农民版画的艺术发展现状、困境与出路[J]．艺术时尚：理论版，2014（11）：2.

浅论因地制宜对于乡村振兴的重要性

贺永梅

（重庆邮电大学移通学院淬炼商学院，重庆 合川 401520）

摘 要：随着国民生活水平的提高，国家对乡村与城市的发展以及城镇化问题提出了新的指导意见，其中成功与否都体现出了因地制宜对于乡村振兴的重要性。

关键词：因地制宜；乡村振兴

The Importance of Adapting to Local Conditions for Rural Revitalization

He Yongmei

(The Forge Business School, Chongqing College of Mobile Communication, Hechuan, Chongqing, 401520)

Abstract: With the improvement of people's living standards, the country has forward new guidance and opinions on the development of rural and urban areas and urbanization, in which success or failure reflects the importance of adjusting measures to local conditions for Rural Revitalization.

Key words: Suit measures to local conditions; Rural vitalization

1 概念解释

1.1 乡村振兴的概念

乡村是具有自然、社会、经济三大特征的地域综合体，它兼具了生产、生态、生活、文化等多重功能。乡村与城镇的共生共存、互促互进可以更好地构成人类活动所需要的空间。振兴即振作兴起。乡村振兴战略是 2017 年 10 月 18 日在党的十九大报告中提出的。这一报告指出了"农业农村农民"问题是根本性问题，告诉了我们要始终把解决好"三农"问题作为全党工作的重中之重。乡村振兴战略的总要求是产业兴旺、生态宜居、乡风文明、治理有效、生活富裕。其主要内容是：坚持党管农村工作、坚持农业农村优先发展、坚持农民主体地位、坚持乡村全面振兴、坚持城乡融合发展、坚持因地制宜，以及坚持人与自然和谐共生。

1.2 因地制宜的概念

对于"因地制宜"一词有人给它做出了以下解释：因地制宜原意是根据土地的实际情况栽植适宜的树木，专指农作物种植要合乎天时地利，根据各地实际情况种植，"制"通"植"，取种植之意。现在这个词也指根据现实情况制订合适的办法。

2 因地制宜于乡村振兴的重要性

党的十九大的召开，体现了党中央对三农问题的重视。因地制宜全面覆盖，以十九大精神和城乡一体化战略为指导来进一步探索发展。不仅提出优先发展农业农村，还提出了把乡村振兴战略视为创造性战略，立志推动乡村振兴，提高全民生活质量。

2019 年国家统计局发布了第 6 期《调研世界》系列文章报告。在这一系列报告中，有一篇名为《"乡村振兴之路"调研报告》的报告提及为了解现今农业农村发展的状况，我国对全国农村进行调研的情况：在通过对 1103 个村的实地调研以及对 11979 份相关的调查问卷的填写之后，对广大人民群众的意愿、农村产业发展情况、乡风文明程度、乡村治理情况以及民生保障的问题等进行调查了解并分析了发展中存在的一些问题。该报告通过实践充分肯定了因地制宜的重要性。

3 于乡村振兴而言乡村振兴战略的必要性

我国是一个人口大国，乡村的基数巨大，因此乡村人数众多。大量的乡村人口的生存就业并不是可以完全依靠城镇化解决的。面对这一客观事实，才有了乡村振兴这一战略的提出。它的出现不仅可以让乡村不用依附于城市，拖累城市甚至全国经济发展，还可以通过发展特色农业、特色养殖业、特色旅游业、农家乐等方式，反过来解决一些就业问题，从而减少国家负担。其次乡村振兴在合理利用资源的同时可以使自然资源充分转化为经济效益，促进国家经济发展。例如之前提及的花坝村对果木种植业的重视和发展；小城子对历史文化以及空置居民楼的利用；莫干山镇融合了设计美感与乡土元素的精品民宿；东三省对黑土地的利用，无一不体现着只要找准了地域优势，因地制宜就可以推动乡村振兴。

在古代，自然经济十分发达的情况下，人们坚持着男耕女织的生产生活方式。正是由于科技水平以及能力有限，那时候没有现今发达的种植技术和优良品种，人们不得不将全部的土地都种植粮食作物满足自己最基本的生产生活需求。但并不是每一块土地都适合种植水稻、小麦这一类农作物，还有一些土地只适合耐寒作物、耐旱作物、抑或是只适合放牧，这样统一种植水稻、小麦导致了人们连最基本的生活都保障不了，只能被迫忍受饥饿。但现在，随着生产力水平的提高、科技水平的不断发展，市场开始转向农业产业化。我们可以有机会、有能力充分合理地利用每一份资源。通过因地制宜、种植特色经济作物、发挥特色历史文化优势从而换取钱用来购买粮食作物，大家不再纠结于一日三餐能否吃饱，而且还有时间追求更多精神上的需求，从而提高生产生活水平。由此可见，因地制宜是必要的。

橘生淮南则为橘，生于淮北则为枳。同样的一种植物——橘，它在淮北时由于气候寒冷，难以挂果，但是在温暖的南方，它不仅挂果丰富，还生长旺盛，产出的橘子甜嫩多汁。南北方的气候、温度、日照条件的不同，所得出的作物结果也不同。每一种作物都有适合自己的生长环境，如同新疆特产葡萄、甜菜，南方种植稻子，北方种植小麦。只有给他们提供了足够合适的环境，它们才能茁壮成长。由此可见因地制宜是必要的。

4 因地制宜典例

4.1 因地制宜之花坝村

花坝村离城市大概三公里左右，处于山间谷地，风景秀美。但由于当时管理跟不上，居民法律意识淡薄，从而导致各种矛盾纠纷严重，便被戏称为"花霸村"。过高的房价租金、劳动力成本以及交通这个问题让这个村子经济萧条、人民穷困。但在2018年，第一书记的到来为这个村带来了新的活力。请专家、凝聚民心、宣传环保意识，鼓励花坝村村民利用当地优质的农业条件种植角花高粱莲藕、"李葡桃"、奶油西瓜、草莓、樱桃等作物，打造并推广特色农业。充分利用地形优势，在山后不影响环境的地区建设了年存栏1400头的标准"四化"养猪场，一年出栏的猪能达到三千头。平衡了主题建设与经济效益之间的关系。

在村政建设上，花坝村为了改变"花霸村"的形象，投入了大量精力。改造厕所，安路灯，请当地以及美院学生来当地对房屋等建筑进行彩绘，美化亭院。将乡村特有的自然景观、民风民俗等融为一体，打造特色"农家乐"旅游，目的是成为一个城市后花园，让城镇里的人们在休闲放松之余，自己驾车来到这个远离城市喧嚣的地方。家人、朋友一起欣赏风景，采摘特色农作物，感受生活的宁静，在此基础上推动旅游业发展。通过这些带动村里就业率增长，推动经济发展。

4.2 因地制宜之小城子

滦平小城子位于河北省承德市滦平县东北部大屯满族乡,属于京津冀都市圈和河北省环的首都经济圈。原本的小城子零零落落,毫无组织性,并且在教育、交通、医疗等方面都有很大的问题。居民大多住的一层瓦房,破破旧旧。但在2016年抢抓"京津冀协同发展"重大战略下,他们面对这一地区既不靠山、不临海,也不傍旅游景区的现实情况,当地政府决定把地方特色资源作为切入点,充分发挥因地制宜的作用。于是他们将乡村建设和居民住宅的改造融入历史文化元素,并且还充分利用小城子空置民居屋,分成满族、徽派、皇家三种不同风格,打造成为民宿、客栈,由此发展小城子旅游接待。在旅游接待业发展以后,可以直接或间接带动百姓就业或销售土特产品。小城子通过对休闲农业的发展,使该村年接待游客总人数达到5.5万人,年总收入也达到了2300万元以上,旅游业还在继续不断发展,这又是因地制宜的一大成果。

4.3 因地制宜之莫干山镇

位于浙江省湖州市德清县的莫干山镇,位于长江三角洲的杭嘉湖平原。到上海大约两个小时车程,环境优美,气候宜人。古往今来,路过的文人骚客无数,留下了一个个足迹,文化底蕴深厚,这也成了当地因地制宜发展旅游业的一大重要推力。在2006年以前,这里产业链低级,大多企业是散养企业,那时集体经济,发展落后,只是秉持着祖先留下的靠山吃山的模式过生活,使这个村落难以自给自足、留住人才。但在2006年开始,莫干县充分利用了得天独厚的自然环境这一旅游资源以及特殊气候形成的千年冬青树、珍贵的楠木、号称活化石的红豆杉等以及各类遗址的建设、推广来大力发展旅游业。该镇建设还利用其地理优势,以租用老屋的方式,打造了"裸心乡"等这一类兼具设计美感和乡土元素的精品民宿,并由此吸引了很多游客入住,带动了经济发展。

4.4 因地制宜之袁家村

礼泉县烟霞镇袁家村原本位于缺山少水、自然和人文条件均不突出的关中平原。在不受政府重视的情况下，袁家村利用各类剪纸、木板年画、土织布以及泥塑艺术，充分发展旅游业，在建起农民个体经营的"农家乐"后，吸引了一大批游客，于是他们顺势发展了特色小吃街等，就用农家乐这一特殊方式引来了特色餐饮（各类小吃，传统制作方式制作）、旅游商品等资源，提升了乡村旅游层次。随后又打造"月光下的袁家村"，发展酒店住宿、酒吧等夜间经济，充分利用了当地可用的自然资源。还通过成立股份公司，以群众入股的方式，实现"全民参与、共同富裕"，吸引回人并且吸纳了超过2000名外村民众来此就业。通过合理利用当地文化资源取得发展，不仅可以提升大家的文化素养，还可以提高大家的文化自豪感。在接受文化熏陶的同时提高当地经济水平，提高人民生活水平。这也是因地制宜的魅力。

4.5 因地制宜之东北三省

东北三省正是由于气候原因，当地气候寒冷，在这种气候环境下，即使有肥沃的黑土地，粮食作物也只能一年一熟，产量十分低。后来人们开始因地制宜种植耐寒耐旱的高产农作物玉米、甘薯、马铃薯、高粱、棉花等。这类高产作物的引进扬长避短，既可以充分利用土地的肥沃，又可以避免气候寒冷对作物种子的影响。这不仅解决了民生最重要的问题，还通过种植棉花，为穿暖打下了基础。就这样我们的北大荒变为了北大仓。东北三省除了满足自己的需要，还向中国甚至世界输送粮食以及棉花。促进了经济的发展。

5 总结

因地制宜是推动乡村振兴的一大重要因素，因地制宜是乡村振兴道路上的一大重要推手。没有因地制宜的乡村振兴很可能会举步维艰。在乡村振兴的道路中，因地制宜的功劳和贡献是毋庸置疑的。正是因地制宜给我们的乡村注入了活力，我们的乡村正在不断发展并且努力成长为经济发达、不亚于城镇的村落。所以在以后的乡村振兴中依旧要贯彻因地制宜这一战略，要想乡村振兴发展得好，在发展之前就要了解一个地区的长板和短板，就如同木桶效益一样——最后盛水的高度取决于最短的木板。资源也是如此，一个地区的环境适宜发展什么，要根据当地实际情况来决定，去发展它的长板。值得一提的是，资源比木桶更具有灵活性，不会因为一块短板就无法修复。一个地区的发展可以充分发挥自己的优势，从其他部分补回短板。通过对长板的不断建设，补充短板，推动乡村振兴的发展。相信我们的乡村一定可以成长为我国经济的新的增长点，带给我们惊喜。

浅析乡村人口流失的问题与出路
——以綦江区花坝村为例

匡先伟

(重庆移通学院数字经济与信息管理学院,重庆 合川 401520)

摘 要:自改革开放以来,我国发生了天翻地覆的变化。在这一大好背景下,国民经济快速发展,城市化水平逐步提升,在城市人口剧增的同时,乡村人口却在锐减。本文对乡村人口流失的原因和问题进行分析,以綦江区古南街道花坝村为例,介绍乡村如何在这一背景下做好脱贫攻坚与乡村振兴。

关键词:人口流失;乡村振兴

Analysis on the Problem and Way Out of the Rural Population Loss
— Taking Huaba Village, Qijiang District as an Example

Kuang Xianwei

(College of Digital Economy and Information Management, Chongqing College of Mobile Communication, Hechuan, Chongqing, 401520)

Abstract: Since the reform and opening up, our country has undergone tremendous changes. Under this favorable background, the national economy is developing rapidly and the urbanization level is gradually improving. While the urban population is increasing sharply, the rural population is sharply decreasing.

This paper analyzes the reasons and problems for the loss of rural population, taking the Qijiang District Huaba village as an example to introduce how to do a good job in poverty alleviation and rural revitalization under this background.

Key Words: Population loss；Rural revitalization

1 乡村人口流失的现象特点及原因

1.1 现象

全国人口中，常住城镇人口有 9 亿多人，约占 64%（2020 年我国户籍人口城镇化率约为 45%）；常住乡村的人口有 5 亿多人，约占 36%。与 2010 年第六次全国人口普查相比，常住城镇人口约增加 2 亿 3 千万人，常住乡村人口约减少 1 亿 6 千万人，城镇人口比重约上升 14 个百分点[1]。

全国人口中，人户分离人口约为 4 亿多人。流动人口中，跨省流动人口为 1 亿多人，省内流动人口约为 2 亿多人。与 2010 年第六次全国人口普查相比，人户分离人口约增加 2 亿多人，约增长 89%；流动人口约增加 1 亿 5 千万人，约增长 70%[1]。

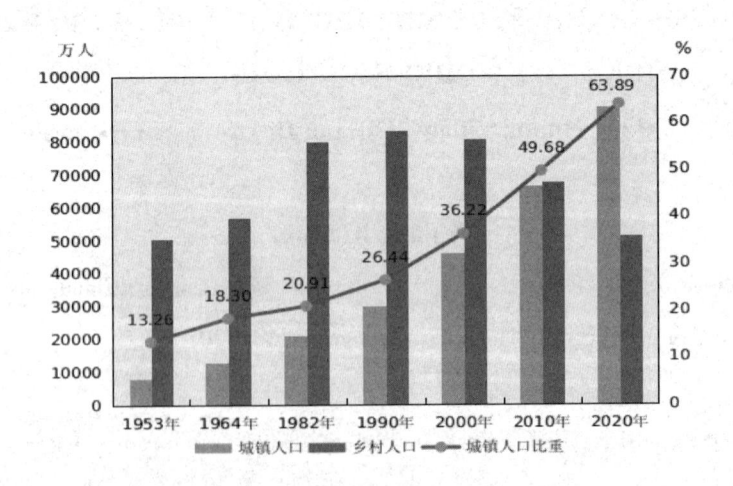

图 1 我国城乡人口比重变化对比表
数据来源：第七次人口普查公报

1.2 乡村人口流动的特点

1.2.1 人口特点

农村外流人口主要为青壮年劳动力和求学的学生（未婚人口占一定比重）。外流人口主要从农村流向城市、从教育程度低的地区流入教育程度高的地区。值得注意的是，男女流动人口有一定差距，这与农村重视男性教育传统观念和劳动性别要求有关。

1.2.2 时间、空间特点

中国人口流动的主要趋势一直是从中西部向东部和东南沿海一带流动[2]。20世纪80年代以来，东部沿海地区因为政策及优良的交通条件，经济得到快速的发展，迫切需要大量的劳动力，以较高的工资水平吸引着外来务工人口，这些城市典型的代表是深圳、上海、广州等。如今随着这些城市转型升级与发展，对劳动人口素质要求明显提升，外来人口的流入也受到了影响，省内流动人口也达到了一定的规模。

1.2.3 难以逆转性

乡村流失的人口基本不会再回到乡村。但部分外出人口由于浓重的返乡情节，会使他们回到曾经成长的地方，回归原生态的乡村生活。但总的来说，大部分的外出人口最终不会回到乡村。因为部分乡村条件不能满足基本的物质需求，会对生活质量造成一定的影响。年轻人的升学需求以及物质需求，使得他们只能把乡村作为一种情感的寄托，从而乡村流失的人口很难再回到乡村。

1.3 乡村人口流失的原因

新中国成立以来，由于生存及生活条件的改善，我国人口基数在这一阶段得到快速增长。"人多地少"一直是我国的国情，虽然我国面积多达960万平方公里，但耕地面积仅占13%左右。目前中国人均耕地不足1.5亩，不到世界水平的40%。紧张的人地关系是造成乡村人口流失的原因之一。

改革开放后，我国实行家庭联产承包责任制，通过"包干到户""包产到户"的方法，打破了人民公社体制下土地集体所有、集体经营的旧农业耕作模式，确立了土地集体所有制基础上的以户为单位的家庭承包经营的新型农耕模式。新型农业模式极大地调动了农民参与农业生产的积极性，给予了农民更多的自主权利，再加上杂交水稻高产作物的投用，使得粮食产量大幅度增长，温饱问题也逐渐不再成为我国的主要难题。现代农业机械化、规模化的生产方式，使得越来越多的人从土地的束缚下走出来。

改革开放后中国的产业结构优化，第二产业和第三产业快速发展。市场经济及对外开放，扩大了我国与各国间的经济交流，推动了商品的流动，巨大的消费需求拉动了用工需求。乡村人口过剩，工业服务业人口匮乏，为乡村人口的流动提供了有利的条件。改革开放以来中国的人口迁移变动趋势就反映了这一问题。

现阶段我国的社会主要矛盾已经转化为人民日益增长的美好生活需要和不平衡不充分的发展之间的矛盾。这些矛盾在乡村和城市中得到凸显。城市中教育资源、医疗卫生资源、交通设施、生活服务等等都是乡村难以匹敌的。乡村人口为追求更高的收入，为了下一代更美好的未来，以及对更好的物质生活向往，他们背井离乡来到城市以及发达地区开拓新的天地。

农村人在思想价值观念上认为到城市生活才是有出息的行为。大部分农村孩子从小被这样的思想价值观念影响。长大后这些孩子来到城市工作、学习。由于工作忙，无法照顾孩子和孝顺父母，他们会把农村的父母接来城市，全家迁移城市的现象就成为人口流失典型[3]。

从20世纪80年代以来，虽然中国城乡可支配收入比有所降低，但中国城乡的收入绝对值一直呈现扩大的趋势，2020年与1980年的城乡收入绝对值竟相差了60多倍（见表1）。传统农耕一年的收成也许不如打工人一月的收入，然而在许多方面农村的物价并不比城市便宜。悬殊的收支差距促进了农村人口的流动。

表1 1980-2020部分年份中国城乡人均可支配收入情况

	1980年	1993年	2013年	2020年
农村人均可支配收入	133.6元	921.6元	8895.9元	17131元
城镇人均可支配收入	477.6元	2577.4元	26955.1元	43834元
城乡可支配收入绝对值	344元	1655.8元	18059.2元	26703元
城乡可支配收入比约值	3.57	2.79	3.03	2.56

数据来源:《中国统计年鉴》

新中国成立以来我国包括公共服务、医疗和教育在内的一些社会福利，长期向着城市人口倾斜，农村人口在这些方面与城市人口得不到对等福利。自2002年以来中国社会福利制度改革，加强了对农村人口的保障。农民工进城务工环境也得到一定的改善，给大量农民工进城务工增添了信心[4]。

2 乡村人口流失所带来的问题

国民经济的快速发展带给了城市及乡村腾飞发展的机会，但由于乡村与城市福利、教育水平、生活娱乐等条件不对等，大量乡村人才走向城市，给城市发展带来动力。人才的流失会加大城乡差距和地区差距，不利于人才流失地的发展。青壮年劳动力资源的不断外流，使得乡村人口老龄化现象极其突出。随着岁月的流逝，老龄化程度愈演愈烈。老龄人口由于自身身体素质的下降和国家日益全面的养老政策，使得他们放弃了曾经赖以生存的土地，选择了安心养老，快乐而安稳地过后半生。这样一来也就导致了农村土地资源开发乏力。而且，农村老人由于长期劳动，大多数人疾病缠身。部分老人在生活上不能自理，即使有医保也难以承担医保外的治疗费用，不少人"谈病色变"。由于缺乏资金而长期得不到合适的治疗，落下了难以根治的病根。

现在的农村不仅人口老龄化是一大问题，留守儿童更是难题。虽说有一部分孩子随着家长们向外流动，但还有一部分因为务工环境和上学升学问题留守农村的儿童，留守儿童的成长缺乏父爱与母爱，影响着他们行为性格的养成。这些问题可能影响着留守儿童的一生，制约着其实现人生理想与价值[5]。

主要的消费人口的外流造成了农村的经济难题。川渝地区"赶场"是著名的中国民间风俗。由于人口流失，赶场日的频率在逐渐降低。不少地区即便是几日一次的"赶场"也见不到几个人。农村进城的巴士由于客流惨淡无奈破产，大量零售商店纷纷倒闭。这样一来，原本生活便利性不如城市的乡村更加困难，原本不如城市交通通达的乡村更加闭塞。人口流失还使得农村基础设施得不到发展，就拿卫生方面来说，长期以来农村以茅坑为主要解手场所，由于缺乏劳动力与资金，"三化厕"的普及受到一定的阻碍。"脏、乱、臭、差"的茅坑容易成为"四害"的滋生场所，也给疫病的传播创造了条件。

对于城市来讲，外来人口给城市带来活力的同时也带来了前所未有的问题。城市在住房、交通、医疗、教育等一系列问题上有着巨大的压力，供给与需求存在着巨大的不平衡。在治安问题上，流动人口成员复杂且来自五湖四海，难免鱼龙混杂，治理十分困难，不利于城市的社会安定。

3 对于乡村人口流失与乡村振兴的思考

在乡村人口流失的背景下，研究乡村人口流失的原因以及乡村人口流失的问题时，我们不得不去探究的是——乡村人口流失到底是一种文明的倒退，还是一种历史的进步？中国改革开放以来产生的变化，离不开成千上万远离家乡来到城市务工的农民工。无疑乡村人口流失对城市的进步与发展是一种巨大的推动力。对于乡村而言，人口流失是一种长时间无法遏制的趋势，我们所要的乡村振兴不是子孙四代同堂，保持乡村人口不断增长，也不是乡村个体农产量不断增长。一定时期的历史文化是一定时期经济政治的反映，中华上下五千年的历史，由农耕文明走向工业文明，在工业文明阶段产生的巨大的工业人口需求，不得不迫使乡村人口向工商服务业转移。

乡村人口流失所带来的问题虽然不容忽视，但在很多方面其实它并不是一个坏现象。农村人口进城，可以在医疗、教育、收入等方面得到更好的补助，还可以满足二、三产业的用人需求。这样一来不仅促进了中国经济的腾飞，而且也给乡村振兴提供了有利的条件。农村大量土地抛荒，农村规模化产业发展就可以适时兴起。各地纷纷盘活农村闲置土地资源，以承包经营的方式承包给第三方经营，通过专业化、规模化的生产方式，提高农业生产效率。

　　乡村脱贫和乡村振兴所需要的资金，光靠国家的帮扶是不够的。其实农村发展一部分资金来自于外出务工的人们。福建和广东是著名的桥乡，众多侨胞年轻时外出奋斗，积累财富。在强烈的思乡情怀下，他们会以捐款的方式推动家乡基础设施建设。进城务工的乡村人口也有一样的思乡情怀。近年来越来越多的乡村公路铺上了水泥，乡路安上了电灯，老人在重阳节领到红包，取得佳绩的孩子高考后能够得到奖学金，这一切都与乡村流动人口有关。

　　我们所要的乡村振兴其实并不是乡村人丁兴旺，而是在乡村人口流失的背景下发展好乡村，在推动乡村经济发展的同时让乡村的人居环境、人口福利得到同步的发展。这也符合我们国家的"共同富裕"政策，城市人们过上了好的生活，乡村人口也要在生活条件上迎头赶进。

4 花坝村解决人口流失问题和应对乡村振兴路径的措施

4.1 花坝村现状的相关介绍

　　改革开放将大量束缚在土地上的人口解放出来，20世纪90年代出现持续不断的大规模人口流动，大量农村人口向发达地区及当地城市中心迁移，使得乡村空心化的问题日益突出。乡村人口老龄化、农村留守儿童等问题影响着农村的发展、牵制着城乡统筹发展的步伐。花坝村在解决这方面问题上做出了很好的示范。

　　花坝村位于綦江区古南街道北部，与江津区广兴镇隔河相望。村落自然条件优美，背靠古剑山、下临綦江河，有"一河两坝三院"之称，即一条小河贯穿全村，河边两侧各有平坝，坝上又有三个相对居住集中的院落。花坝村位于辖区北部，距綦江城区仅3公里，辖区面积4.2平方公里，辖9个村民小组，1064户，总人口2403人，党员73人（截至2021年4月13日）[6]。花坝村人口流失同样也存在相当大的问题，近年来，在区委区政协的关心支持下，花坝村坚持以习近平总书记关于"三农"工作的重要论述和重要指示精神为指引，凭借丰富的自然资源、深厚的历史文化底蕴及正确的方针指导，扎实做好脱贫攻坚和乡村振兴等各项工作，取得了阶段性成效。

4.2 花坝村解决人口流失的治理措施

对于闲置的土地，花坝村积极引导外来业主和本地业主盘活农村土地资源。通过承包经营的方式，招纳5名业主共承包土地400余亩。建立起了水果产业基地和"养猪场""蜂园""林下养鸡"等特色产业。

于农村经济发展，花坝村在水果产业基地的基础上，依靠毗邻綦江城区的最大优势，通过党员带头、村民出力，努力改善农村居住环境，大力发展乡村旅游。不仅如此，花坝村的特色农产品还通过微信小程序等网络途径进行销售，提高了农产品的销售范围和销量，解决了部分农产品滞销的难题。这样一来，花坝村的产业结构由单一的第一产业收入扩大到第三产业收入，农村经济结构得到优化，经济得到快速发展。花坝村还以劳务公司为主体，承建小型基础设施建设，为业主搭建用工平台。在有效降低业主用工成本的同时，吸纳大量的村民就近务工，提高了居民的收入。

关于乡村人口老龄化，花坝村负责人考虑到了出行的问题，尽最大的努力与城市交通部门商讨开通城乡公交的事宜。公交不仅运力高而且费用低廉。对于老龄人口，更是能够凭借老年卡免费出行，农村难以解决的医疗问题，只要踏上公交车，就能到城里享受同质化的服务。在村内，花坝村积极发展村民活动中心，村民可以在合适的区域闲聊、下棋、跳坝坝舞等，村民的生活更加丰富，乡村的活力得到提升。

关于农村发展需要的人才，花坝村由于生源问题关闭了村里的小学，村内的小学生们大都迁往了城市及乡镇上的小学校，从而获得了更好的教学资源，努力缩减与城里孩子在人生起跑线上的差距。对于这些未来的人才，村民和村里的领导都希望他们能够走出去，为民族的复兴奉献自己的力量。对于花坝村乡村振兴事业需要的人才，花坝村会积极吸收愿意为家乡发展做贡献的人才。

关于农村人居环境的改善，花坝村积极从思想方面着手，宣传"三化厕"的好处，普及"三化厕"，提高农村卫生水平。对于村民期盼的农村基础设施，村里多方面协调和极力争取上级资金。在村书记的努力下，花坝村顺利地完成了全村饮水管网的实施、天然气改造以及7千米的产业路扩宽工程等，提高了村民的生活水平，回应了乡亲们热情的期盼。

5 乡村人口流失的问题与出路

改革开放是不可逆的历史潮流。如今中国经济发展已经驶入了快车道，乡村人口流失与城市化的发展是现阶段必然会发生的历史现象。乡村人口流失无法避免，一味拘泥于乡村人口流失带来的社会问题，将不利于整个社会的发展。所以，只有走乡村振兴发展道路，我们才能使乡村留得住山、看得见水、记得住乡愁。

参考文献

[1]国家统计局，国务院第七次全国人口普查领导小组办公室. 第七次全国人口普查公报[1]（第七号）[N]. 中国信息报，2021-05-12（4）.

[2]郑真真，杨舸. 中国人口流动现状及未来趋势[J]. 人民论坛，2013（11）：6-9.

[3]曹雨欣，鲍婷婷，代桂虹，等. 农村人口流出原因及对策分析：以成都市郫都区为例[J]. 现代经济信息，2019（9）：480-481.

[4]万国威. 我国社会福利制度的理论反思与战略转型[J]. 中国行政管理，2016（1）：15-22.

[5]朱启臻. 当前乡村振兴的障碍因素及对策分析[J]. 人民论坛·学术前沿，2018（3）：19-25.

[6]花坝村村委会. 古南街道花坝村乡村振兴工作汇报[R]. 2020.

浅析环境建设对乡村振兴的促进作用
——以綦江花坝村为例

刘鲁燕

(重庆邮电大学移通学院淬炼商学院,重庆 合川 401520)

摘 要:随着城市化进程,青壮年基本转入城市发展,大多数农村只剩下老人、小孩以及破落的瓦房。为了促进农村的发展,国家提出了乡村振兴战略。各乡镇积极响应国家号召,致力于建设美丽乡村。经过几年时间,现在的大多数农村已不再是无章杂乱的房屋布局,而是经过统一规划了的房屋;也不再是泥土路,而是宽阔平坦的水泥路。本文以綦江花坝村为例,主要讲述环境建设对乡村振兴的促进作用。

关键词:乡村振兴;环境建设;生态环境

Analysis on the Promoting Effect of Environmental Construction on Rural Revitalization
— Taking Huaba Village, Qijiang as an Example

Liu Luyan

(The Forge Business School, Chongqing College of Mobile Communication, Hechuan, Chongqing, 401520)

Abstract: With the development of economy, the young and middle-aged people are basically transferred to urban development, and most rural areas are left with old people, children and dilapidated tile houses. In order to promote rural development, the country put forward the rural revitalization strategy. All villages and towns actively responded to the call of the state and devoted themselves to building beautiful countryside. After several years, most rural areas are no longer chaotic houses, but houses that have been uniformly planned; It is no longer a dirt road, but a wide and flat concrete road. Taking Huaba Village in Qijiang as an example, it mainly talks about the promotion of environmental construction to rural revitalization.

KeyWords: Rural revitalization ; Environmental construction ; Ecological environment ;

1 乡村振兴战略

2017年10月18日，习近平总书记在党的十九大报告中提出了中国乡村振兴发展策略，即坚持农业农村优先发展，按照产业繁荣的总要求，建立健全城乡一体化发展体制机制和政策体系，统筹推进农村经济建设、政治建设、文化建设、生态文明建设，生态宜居，行为文明，治理有效，繁荣昌盛。加快推进农业农村现代化，坚定不移走中国特色社会主义乡村振兴道路。简单来说便是坚持农业农村优先发展，大力支持产业振兴、人才振兴、文化生态振兴，农村因地制宜和谐发展，最终可以实现中国农业强、农民富、农村美。

十九大报告指出，"三农"问题是关系国计民生的根本性问题，必须始终把解决好农业农村农民问题作为全党工作的首要任务，农村振兴战略必须实现。同年12月29日，中央农村工作会议首次提出走中国特色社会主义乡村振兴道路，会议指出，乡村振兴的关键在于生态宜居，农村的最大优势和珍贵财富在于良好的生态环境，要想乡村振兴，必须把生态振兴摆在重要地位，把推进中国农业绿色技术发展和人居环境整治作为农业农村现代化建设的重点来抓。[1]

2 环境建设的重要意义

2.1 环境与生态环境

环境是指影响人类及其他生物赖以生活和生存的空间、资源和其他相关事物的表面上的综合或周边条件。我国的环境保护法是以环境科学中关于环境的定义为基础的，即"指影响人类生存和发展的自然和人为因素的总和"。[2] 生态环境是"生态关系组成的环境"的简称，指与人类密切相关影响人类生活和生产活动的各种自然力量或作用的总和。[3]

2.2 生态环境的重要性

2.2.1 民生的福祉

锦绣中华大地，是中华民族赖以生存和发展的家园，良好的生态环境则是民生的福祉。生态环境的质量直接决定了民生质量，改善生态环境就是改善民生，破坏生态环境就是破坏民生。

习近平总书记反复强调对生态环境的保护。如"要把生态环境保护放在更加突出位置，像保护眼睛一样保护生态环境，像对待生命一样对待生态环境""历史地看，生态兴则文明兴，生态衰则文明衰"等等，民之所望，政之所向。公众对清洁的水、绿色的食品、清新的空气等优美生态环境的需求上升，解决当前社会主要矛盾，必须重视这个问题。[4] 生态环境保护是一项造福现在和未来的事业，人因自然而生，人类的所有都来源于自然，没有什么能代替生态环境。因此，只有拥有良好的生态环境，人类才可持续发展，如果生态环境恶化，将会直接影响到人类的生存和发展。[5]

2.2.2 绿水青山就是"金山银山"

习近平总书记说过："既要金山银山，也要绿水青山，绿水青山就是金山银山。绝不能以牺牲生态环境为代价换取经济的一时发展。"这里的绿水青山是指"生态环境"与"自然资源"。从习近平总书记的话可见，实现金山银山的前提便是保护好绿水青山。良好的生态环境是全人类的共同财富，只有保护好了生态环境，才能不断发展好生态产业、绿色产业，为人类带来经济研究价值。因此，要利用好、发展好、保护好绿水青山，让它成为可持续发展的"摇钱树""聚宝盆"。

每个人都受益于良好的生态环境，每个人都有责任创造良好的生态环境。践行"青山绿水就是金山银山"理念，守护良好生态环境，需要我们携起手来，为了天更蓝、山更绿、水更清的美丽中国而努力。不负绿水青山，方得金山银山。

3 生态环境建设的典范——花坝村

3.1 概述

花坝村位于重庆市綦江区古南街道，距綦江城区直线距离仅3公里，沿公路大约行走6公里可到达。花坝村是四周群山环抱的一个平坝，环境十分优美。它背靠古剑山、紧临綦江河，因为一条小河贯穿整个村子，河的两岸都有平坝，坝上有三个相对集中的院落。所以有"一河两坝三院"之称。走进花坝村，洁净平坦的道路，清澈见底的河流，花团锦簇的小院……在这里，有浓浓的中国乡村文化风味，也让我们看得见山，望得见水，留得住游客乡愁。这里的历史底蕴浓厚，如乾隆古桥、百年老校等名胜古迹。不仅如此，这里还有"官帽山"下的梯田景观，一年四季瓜果飘香。近年来，花坝村先后获得了重庆市"一村一品"示范村、重庆市美丽宜居乡村、重庆市休闲农业和乡村旅游示范村、綦江区最美村居以及綦江区十佳村级集体经济组织等荣誉。[6]

3.2 环境整改

要建设美丽乡村，就必须对乡村环境进行整改。花坝村的环境整改主要是拆建作坊、整改厕所、建设最美庭院，同时，建立督导、鼓励、监管机制。

拆除违章建筑是乡村建设的必由之路。村里人的环保意识较弱，瓶子、罐子、棍子、柴火等，在家里都是顺手堆在一起，废弃塑料围成的遮阳棚也随处可见，花坝村的环境看上去十分不美观。针对这一现象，村委会向村民普及统一规划的意义以及拆迁之后的补偿问题，拆除违章建筑在花坝村所有人的努力下顺利进行。

为提升村民的生活质量，增强大家的幸福感，花坝村展开了一场轰轰烈烈的"厕所革命"。遵循"四个坚持"原则对花坝村的厕所进行改造，即坚持政府引导、农民主体；坚持因地制宜、分类管理实施；坚持整村推进、一户一厕；坚持建管并重、长效运行。改造后的厕所拥有美观大方、使用寿命长、无异味等众多优点，有力促进花坝村生态环境改善。[7]据统计，2021年，花坝村共改造无害化公厕340余户。

建设"最美的庭院"，主要是为村庄提供资金，改造老房子，改造村居环境。几年间，村民的院坝由以前的泥地变成了水泥地面，墙上也施以彩绘、装饰。同时，积极动员村民们建花台，种植杜鹃、油茶等植物，美化环境。花坝村共打造最美庭院290户，村容村貌整治如火如荼。

村居环境得到整治后，还需要得到长期有效的监管。因此，花坝村设置了4个公益性岗位，清理、运输、管理村民日常生活垃圾和道路，同时，花坝村内还与古南街道的社区建立结对帮扶机制。志愿者到花坝村的村民家里宣传环保知识，并帮助他们进行清理。此外，村里的广播会每天播放与环境保护相关的知识，所以，村民们的环保意识也有所提升。如今的花坝村环境优美、焕然一新。[8]

3.3 农旅融合发展道路

花坝村的草莓园是该村的一大特色。2020年，花坝引进专业草莓种植业主，集中流转100亩土地种植优质草莓，先后搭建50个大棚种植优质草莓，园内包含巧克力草莓、白草莓、圣诞红草莓、贵妃草莓等多种品种，产量5万多斤。成熟后的草莓外观美、果形正、口感好。

古南街道充分利用花坝村四面环山的自然条件，依托山水田园风光，将农业产业和乡村旅游进行结合，以发展高产水稻等种植物为核心产业，帮助农民增收致富。一方面，该区着力打造"东篱田庄"，合理规划"高产稻区""特色花卉种植区""山谷游玩区""幸福农场区""清水鱼区""特色美食街"六大核心特色产业,辅以 稻田垂钓、花海拍摄、山谷探险、农业趣味体验、美食品尝等多种休闲娱乐项目。另一方面,花坝村治理山水,实现了山青、水清、地净、村美,花坝成为独具魅力的梦幻家园。

4 城市后花园

古南街道花坝村依照乡村振兴战略"产业兴旺、生态宜居、乡风文明、治理有效、生活富裕"的总体要求,在短短几年间,将花坝村从一个贫困小乡村变成重庆乡村旅游示范村,花坝村成了名副其实的"城市后花园"。

事实上,花坝村改变的过程是极其不易的。由于农村经济发展缓慢,加上多数农村人的环保意识不足,几年前的花坝村还是一个落后、贫困小乡村,乱养、乱排、乱倒、乱放的现象比较严重。但是,现在的花坝村,很少能看到乱排、乱放的现象,花坝村的道路变得干净整洁,房前屋后也看不到什么白色垃圾,河水也恢复了清澈。建设最美乡村行动增强了花坝村村民的环保意识,改善了村民的居住环境,花坝村真正地拥有了碧水、蓝天、净土、田园和宁静,来花坝村旅游的人也越来越多。

当然,花坝村成为"城市后花园"也是离不开它独特的自然环境的。这里山清水秀,空气清新,环境优美,是人们休闲、放松的好地方。人们在都市生活久了,总想寻觅一方可以休憩的净土,花坝村是一个宁静的"世外桃源",远离城市喧嚣的"天堂"。在这里,没有浮躁与功利,只有理想与平静。这里一草一木、一景一物都是如此自然和谐,走进这样淳朴的田园居所,让人身心愉悦。忙碌中独得一份悠然是众人所期许的,这是一种向往自然、回归自然的情怀,现在,越来越多的行人急于回归自然,找寻一个休闲的地方,静享生活的美好。而宁静优美的花坝村正为他们提供了这样一处场所。

5 结语

党的二十大报告明确提出,加快建设农业强国。农业是国民经济的基础,事关民生福祉和经济社会发展全局。习近平总书记指出:"中国要强农业必须强，中国要美农村必须美，中国要富农民必须富。"近年来，在习近平总书记"三农"思想的指引下，古南街道花坝村切实围绕"农业、农村、农民"三大重点，深入展开精准扶贫，大力推进乡村振兴，积极进行乡村建设。花坝村十分重视环境建设，同样，良好的环境也让花坝村成功转型，即从普通村落变成美丽宜居乡村。未来的花坝村将充满活力与魅力。

参考文献

[1]人民网. 习近平：贯彻新发展理念，建设现代化经济体系[EB/OL].（2017-10-18）[2022-05-26].http://cpc.people.com.cn/19th/n1/2017/1023/c414305-29603210.html?ivk_sa=1024320u.

[2]向洪. 国情教育大辞典[M]. 成都：成都科技大学出版社，1990.

[3]陈百明. 何谓生态环境？[N]. 中国环境报，2012-10-31（2）.

[4]吕晓勋. 用优美生态环境造福人民[N]. 人民日报，2018-05-22（5）.

[5]孙要良. 深刻认识良好生态环境的重要性[N]. 经济日报，2018-07.

[6]重庆市綦江人民政府. 古南街道花坝村乡村振兴工作汇报[EB/OL].（2018-10-18）[2022-05-26].http://www.cq.xinhuanet.com/2023-05/11/c_1129605929.htm.

[7]本报记者. 我市制定推进农村厕所改造及污水处理专项行动（2017—2020年）实施方案[N]. 闽东日报，2016-12-10（A01）.

[8]綦江微发布. 花坝村美丽蜕变"三部曲"[EB/OL].（2020-01-19）[2022-05-26].https://www.cqcb.com/county/qijiangqu/qijiangquxinwen/2020-01-19/2110739.html.

浅谈乡村向城市过渡的人际关系演变

刘阳

(重庆移通学院淬炼商学院,重庆 合川 401520)

摘　要:城市化是当前社会各方面向下一阶段发展的重要举措,推进过程中展现迁移居民对乡村人际关系向城市人际转变不适应的问题。本文以綦江区新兴社区为例,还原乡村人际关系向城市人际关系演变过程,以期为城市化后续发展提供可用建议。

关键词:城市化;乡村人际关系;城市人际关系

Analysis on the Evolution of Interpersonal Relationship in the Transition from Rural to Urban

Liu Yang

(The Forge Business School, Chongqing College of Mobile Communication, Hechuan, Chongqing, 401520)

Abstract: Urbanization is the social parties for the next stage of the development of the important measures to promote the show the relocation of rural residents in the process of interpersonal relationship to the problem of interpersonal change does not adapt. This paper takes the qijiang count area emerging community as an example, the reduction in rural interpersonal relationship to the city evolution of human relationships, in order to provide available suggestions for the subsequent development of urbanization.

KeyWords: Urbanization; Rural interpersonal relationship; Urban interpersonal relationship

1 研究价值

城市化是伴随着社会经济不断发展而进行的举措，是现代化建设的具体表现之一，也是发展中国家向发达国家发展的必要阶段。我国目前的主要矛盾已经转化为人民日益增长的对美好生活的需要和不平衡不充分的发展之间的矛盾。自改革开放以来，我国经济高速发展，城乡居民收入水平大幅提升的同时，城乡收入分配差距逐渐拉大，城乡发展差距过大，矛盾日益凸显。因此，我国推进乡村向城市发展，有效解决部分乡村地区教育、医疗、收入落后等问题，为乡村居民提供更好的生活教育环境。在乡村向城市过渡的过程中，城市人际间的疏远和逐利性使具有淳朴人际关系的乡村群体难以融入城市生活，不利于城市化的推进。研究两者的交际特点，推导出乡村向城市过渡的人际关系演变原因，有利于制订相应方案解决问题，减小推进城市化阻力。

2 乡村现状

我国乡村因地区不同，呈现出各自的特点，下面将从宗法关系、生活环境、等级地位、思想观念四个方面进行阐述。

2.1 宗法关系

血缘亲情和宗法关系是乡村人际交往的重要支柱。中国每一个乡村的组成人员，绝大部分都拥有相同的姓氏，其余占比小的姓氏追根溯源也是同一个祖先。他们具有传统的血缘亲情关系，乡村意味着独个大家族的聚居。族人与族人之间相互照顾，没有过多的利益牵制。遇到同村与外人发生矛盾时，即便牵扯到自己直接利益，也不会考虑谁对谁错，本能地会帮助本村人。没有"帮理不帮亲"的，只有"帮亲不帮理"。

2.2 生活环境

乡村人们的生活环境分为自然环境和社会环境两个方面。乡村自然环境受当地地形、气候影响，以川渝地区为例：位于四川盆地，四季分明，依山傍水，环境优美，人们根据沉淀几千年的农事劳作经验和智慧，合理耕种，形成人地和谐、人畜和谐、日出而作、日落而息的和谐局面。平静的环境造就他们淡泊宁静的生活状态。社会环境一方面是指乡村居民们具体居住点分散，人口稀少，乡村内部缺乏娱乐设施，日常休闲生活单调。另一方面指居民对个人私密性关注小，属于个人空间开放型。乡村居民的住宅大部分都是平房，少有楼房。乡村民风淳朴，加上同村人都是有血缘关系的族亲，交流机会多，基本上都是敞开大门，显示出随时欢迎来客的热情。

2.3 等级地位

原始社会有部落首领，奴隶社会有奴隶主，封建社会有皇帝的存在。只要有人就有阶级等级之分。乡村中的等级地位是由宗法决定的，血缘关系是宗法关系的基础。乡村人口少，落后封闭，对外交流少，流动性小，等级地位具有一定的继承性。例如村长作为村里的权力巅峰，由于交际圈的狭小，缺乏外部竞争对手，其他普通村民没有足够的能力去竞争，也碍于长期的屈服高层意识，职位及其附属权力会被村长的直系亲属或者有亲近血缘关系者继承。

2.4 思想观念

时代和社会不断向前发展，但地域封闭性以及过美好日子、安于现状的生活态度使乡村居民的思想观念具有时代局限性与滞后性。

2.4.1 价值观念

乡村的市场观念淡薄，乡村居民间互相赠送农作物，或无偿帮助劳作，自给自足的生产方式造就了他们和善热情的德与行。加上商品经济在乡村普及程度低，缺乏市场观念，影响范围小，乡村居民沿用物与物的交换方式，获得各自所需的日常用品，注重利益的商品意识暂时没有萌发，市场经济得不到发展。乡村居民更多看中同村情感交往，利用人情债的方式互相帮助并达到有效交流、联络感情的目的。

2.4.2 法制观念

乡村接触现代社会机会少，治理制度缺乏更新，当现代社会追求公平公正、强调使用法律保卫自身利益、建设法制社会时，乡村依然使用原来"和稀泥"的处理方式。由村中的年迈老人作为裁决人、和事佬，用伦理道德压制，使其中一方屈服。法律意识淡薄，法制观念缺失，乡村居民没有树立保卫自身权益的法律观念。因此乡村中常常出现城市人群难以理解的违背法律的事件。例如家中只育有女儿的妇女在被好事者恶意造谣中伤、造成严重精神伤害的情况下，无人指责造谣者反而赞同造谣者，缺乏尊重他人人权和名誉权的观念，受害者也不会利用法律武器捍卫自己的权利。

3 城市现状

工商业齐聚、经济繁荣、车水马龙、高楼林立，城市生活令人向往。了解城市从特征出发，表现在四个部分：利益关系、居民素质、等级地位、思想观念。

3.1 利益关系

城市工商业发展快，通过市场配置社会资源的形式快速构建起来，商品意识根植居民脑海，长期发展形成精明、善于计算的小市民特点，功利性强，城市中的人际关系都可以归结为利益关系。具体表现为事事用利益衡量自己的收益或损失。城市中"同质聚居性"现象显著，即具有相似的生活环境、相似文化教育背景或者经济收入高度相似的居民会聚居在相似或相邻区域的现象，居住在同一地方的人们有很强的集体认同和共同体感，人们的地域团结感、忠诚感很强。这种情况下，人际交往会无意识地进行筛选，对自己有正面影响的人可以进行深入交往，避免直接或间接对个体发展无推动作用的人际交往，打造独属于自己的生活圈、交际圈。城市居民的交往行为具有浓厚的投资色彩。与他人交往互相赠送礼品会留意物品价值是否对等；当一般社会交往关系与公司同事发生矛盾，为了将来利益，会选择站在同事的一方，也体现了在利益之下，城市居民做选择往往向对自己有利的方面偏移。

3.2 居民素质

城市居民受教育程度高，个人素质高，在日常生活中颇有讲究。卫生方面，城市楼房设置有独立卫生间，居民卫生意识强，具有良好的卫生习惯。城市居民思考独立性强，不依赖他人，有主见。加上城市追求多元化发展，作为现代社会建设者，生活其中会增加对社会发展的关注度，加强自身参与性，极大程度地避免出现个人意识落后于社会意识的情况。

3.3 城市等级地位

工商业的发展，使得人们普遍崇拜经济实力强劲的企业家。在工作生活中，领导的地位高、收入高，促使大部分人追求踏入领导阶层。在对待家人、朋友、同事、领导的态度和关系处理上，具有强烈的角色意识和等级意识。

3.4 城市思想观念

城市思想观念体现在生活日常，以下将通过价值观念和法制观念两方面进行阐述。

3.4.1 价值观念

综合社会地位追求是城市居民价值观念的体现。现代社会中，人们的衣食住行和娱乐都需要消耗金钱。随着脱贫任务的全面完成，家家户户踏入小康社会，生存资料已不再被人们担心，精神世界的空虚成为亟待解决的问题，价值观也需要进一步重塑。以前的人们工作结束后可以以喝酒打牌来娱乐。如今社会发展太快，人才标准日新月异，人们为了保持工作稳定，只有加大精力投入、压缩休息时间，经常在完成日常工作任务后增加额外工作，这一现象被称为"内卷"。受此影响，人们都被迫参与"内卷"行动，竞争激烈，工作量增加，压力成倍上涨。休息时间被压缩，精神世界不完善。全身心投入追求经济利益之中，人际交往受到影响，只注重利益交往，拒绝走心，淳朴的交往联系缺失。在合适的休息时间，部分人群会进行较为奢侈的消费活动，以购物来减缓平时的工作压力，或者选择参与极限运动，释放压力。

3.4.2 法制观念

法律的制定、法制的推进都是在人民的监督下，按照程序一步一步执行。居民就是法律的主体，法律的存在就是保卫个人合法权益，法制观念深植心中。加上文化素养高，经专业人员点拨解读，理解每一条法规的含义并不难。以法律为框架构建和谐社会是每一位城市居民共同努力的成果。法律底线之上才是真正的自由。因此在做人做事方面，城市居民坚持以法律为底线，培养法律意识，面对侵犯自身权益的事勇敢地拿起法律武器，捍卫自身合法权益。

4 乡村与城市相比较

乡村居民以宗法关系为主要交往枢纽，城市居民则以利益关系为主，二者区别在于市场经济和市场关系的发展成熟度不同。乡村大家族式生活即宗法关系让人与人的关系长年保持亲密，易自给自足，更加难以形成供应商和顾客的双方买卖关系。城市极大程度地稀释宗法血缘关系，城市建设占地广，居民缺乏劳作用地，难以自给自足，普遍选择进入工商业获取生活物资，雇佣关系出现，市场经济结构逐步搭建并完善，买卖关系稳定。生活环境上，乡村邻居来往密切，属于空间开放型，私密性小。城市独门独户，属于空间封闭型，私密度高。等级地位上，乡村依照宗法血缘关系确定族人们不同的权利与义务，越亲近权利越大；城市以工作等级、享受资源量不同进行隐性等级分配，掌握资源越多，等级越高。居民素质上，城市居民普遍比乡村居民的文化教育水平高，在卫生饮食方面乡村更显随意、不拘小节。相较而言，城市更重视卫生，科学研究让居民知晓"病从口入"，也增强了城市的美观性和健康性，两者都有各自的依据。思想观念上，乡村思想观念没有跳出宗法制度，对于人际交往、娱乐生活和村内事件判断更倾向于原始朴素的宗法观念，没有与现代法制观念接轨。城市人际关系更偏向利益，但法制观念的普及度比乡村高，覆盖年龄层跨度大且广。

在城市化推进过程中，迁村移居的居民来到城市社区后，人际关系会随着时间的流逝而逐渐发生改变。乡村人际关系逐渐向城市人际关系靠拢，直到被同质化。

5 演变过程——以綦江新兴社区为例

綦江通惠街道新兴社区是集农转非安置小区、商品房、行政办公为一体的融合型社区。王家湾村民因城市化发展、政府征收用地，全村集体移居到城市并定居新兴社区。生活环境从以前院挨着院的分布格局转变为高楼独户，卫生饮食条件变好，短时间内血缘宗法关系没有变化。随着时间渐长，城市社区流动性大的特点凸显，新型社区原来的搬迁户部分为了工作或者孩子的学习问题选择搬向条件更好的社区。空余房屋或租或卖，有其他外来人员入住。由此，血缘宗法关系被稀释，加上城市工作机会多，有能力就能提高个人等级，由宗法制度分配的等级地位逐渐遭到破坏。原来高等级、高地位的人地位陡然下降，心中难免会有失衡感，有意识避免与同村人往来。加上青年劳动力外流，居住于此多为老人儿童，长期与外界没有交流，精神世界的空白都不利于社区居民的身心健康。

当地政府和居委会为解决问题，建设积极向上的社区，首先查找自身原因，在社区周边设置通惠街道新兴社区基层组织建设公开栏，通过公示工作人员的背景资料和相关政策，获取居民信任，为后续建设奠定基础。其次为增强社区凝聚力，充实居民的精神世界，提高居民在社区的归属感，发动党建引领"四社联动"，建"三心"社区板块和宣扬榜样力量。开展法律、健康知识、消防安全讲座 30 余场；在重要传统节日组织优秀党员、退伍军人等开展主题活动，将理论运用到实际生活；通过微信群等线上方式，全方位宣传引领，不断移除居民旧习俗、厚植新民风、弘扬正能量。为了丰富居民的日常生活，新兴社区常与其他社区联动，积极组织参与广场舞大赛。儿童也受到良好的文化熏陶，新兴社区与外语外事学院联动，学院定期外派大学生志愿者走进社区，为社区儿童进行功课辅导，初步培养价值观和法制观念。

待老人故去，宗法关系不断稀释，年轻一代完全适应城市生活，至此，乡村人际关系同质化为城市人际关系。

6 总结

从乡村与城市之间的人际关系差异和演变过程可以看出，乡村城市化有利有弊，利在于能缩小城乡发展差距，缓解城乡收入分配不均等日渐突出的城乡矛盾。改善人们生活，提供更优越的教育、医疗等生活条件，让人人都过上有社会保障的日子。弊在于繁华迷人眼，过于注重利益，导致人际关系得不到良好发展，长此以往，不利于社会发展。尽管如此，城市化推进依然是当前促进社会现代化发展、经济高质量发展的有效方法。未来的发展中，我们要如何解决情感失衡问题，首先要将城市人际与乡村人际的特点与联系进行系统的研究，发掘两者优点，并通过科学的方法结合起来。其次在建设物质文明的同时也要充实精神世界。只有保留下美好的特质，克服人性的弱点，我们的社会才能得到更好的发展。

浅析城乡一体化发展的前景

罗梦源

（重庆移通学院通信与信息工程学院，重庆 合川 401520）

摘 要：随着我国经济的不断发展，大部分农村开始向城镇转型。党的十八大把城乡一体化发展作为完善社会主义经济发展的战略措施。本文通过分析花坝村城乡发展的成功案例，对这一战略进行分析。

关键词：城乡一体化发展

Analysis of the Prospect of Urban-rural Integration Development

Luo Mengyuan

(College of Communication and Information Engineering, Chongqing College of Mobile Communication, Hechuan, Chongqing, 401520).

Abstract: With the continuous improvement of China's economic development, most rural areas have begun to transform into cities and towns. The 18th National Congress of the Communist Party of China regards the integration of urban and rural areas as a strategic measure to improve socialist economic development. By analyzing the success of urban and rural development in Huaba Village as an example, this paper makes an analysis to this strategy.

Key words: Urban-rural integration development

1 城乡一体化的基本概念

城乡一体化是中国现代化和城市化发展的一个新阶段，城乡一体化就是要把工业与农业、城市与乡村、城镇居民与农村村民作为一个整体，统筹谋划、综合研究，通过体制改革和政策调整，促进城乡在规划建设、产业发展、市场信息、政策措施、生态环境保护、社会事业发展方面的一体化，改变长期形成的城乡二元经济结构，实现城乡在政策上的平等、产业发展上的互补、国民待遇上的一致，让农民能享受到和城镇居民一样的福利待遇，使整个城乡经济全面可持续发展。[1]

2 城乡一体化发展

改革开放以来，全国城乡收入差距在不断缩小，如下图所示[2]。

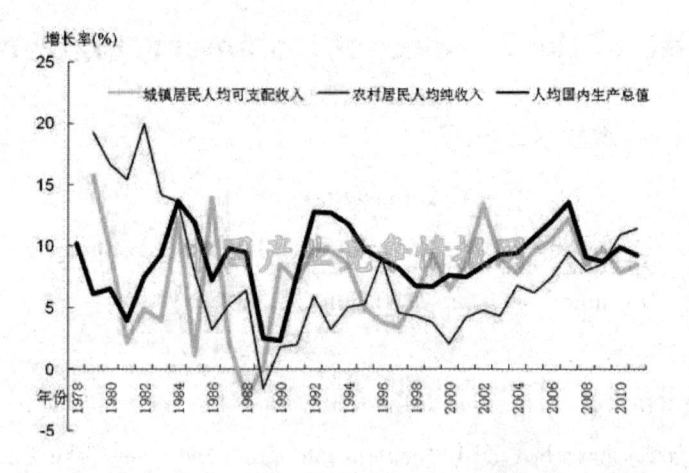

建国初期到现在，城乡经济的发展经历了改革开放前和改革开放后两个阶段。在改革开放前农村经济是中国经济发展的主力，整个社会都在"抓生产促发展"。整个行政组织和管理体系都围绕农村经济而展开，改革开放后，有更多的时间、技术、行政资源等条件来发展城市经济。中国城市经济飞速发展，经济总量在迅速扩张[3]。

更加明显的是：一个个以农村经济为主的县级政府部门的工作重心也转

移到城市经济中来，大力发展城市经济，农村经济组织管理机构萎缩，管理人员结构性地转移到城市经济中。在工业品供不应求的改革开放初期，城市经济和农村经济都得到了发展，但随着生产能力的极度扩张，出现产能过剩。另一方面，农村经济萎缩，无力消费；农村经济与城市经济的差距拉大，结构性矛盾突出，导致两个经济体之间不能顺畅交换。但近年来，我国狠抓乡村问题，施行扶贫攻坚战略，带动农村经济发展。

3 花坝村城乡一体化发展规划

花坝村正处于由城乡二元经济社会结构向城乡一体化发展转变、由传统农业向现代农业转变的重要时期，推进城乡一体化是发展花坝村的重大战略，是全面建成小康社会、解决"三农"问题的重要途径。花坝村以推动农业全面升级、农村全面进步、农村全面发展为目标，有效化解新冠疫情对"三农"工作的影响，扎实脱贫攻坚和乡村振兴等工作，取得阶段性成效。

3.1 花坝村基础情况

花坝村位于綦江区北部，距綦江城区3公里，辖区面积4.2平方公里，辖9个村民小组，1064户，总人口2403人。先后获得重庆市"一村一品"示范村、綦江区最美村居、綦江区十佳村级集体经济组织等荣誉，并成为四川美术学院景观雕塑教学研创实践基地。[4]

3.2 合理利用田地及人力

3.2.1 提高组织凝聚力，激发群众积极性

开展知识竞赛、先进评比等活动，鼓励村民劳作，提高村民积极性。

3.2.2 引进专业人员，培养专业人才

2020年以来"李葡桃""奶油西瓜"、草莓、樱桃、生态大米等特色产业于年底集体保本分红1.65万元。先后引进5名优质业主，发展特色种植400余亩。培育花坝村种养大户建设年存栏1400头标准"四化"养猪场1个，发展蜂园4个，培育林下养鸡大户2户。

3.2.3 引入网络资源

以农业公司为主体,将消费扶贫与壮大集体经济有机结合,搭建多元化电商平台。疫情期间组织志愿者开展"齐心战役、送菜到家"活动,帮助村民卖出农产品 3000 余斤。通过"菜坝网""红蚂蚁"、微店等帮助村民销售农产品,累计收入 149 万元。

3.2.4 改善乡村环境,发展旅游业

发动群众,完善卫生厕所改造 341 户,旧房提升改造 17 户。开展村庄清理 300 余次,整治断壁 275 户。修建生产便道 650 米、采摘便道 980 米、村民休闲广场 2800 平方米。开展卫生评比,奖励花苗 900 盆,引导村民积极保护环境。

3.3 明确现有问题

3.3.1 政府方面

对于城乡一体化发展仍然存在着一些未知的阻碍,对于上下沟通也缺乏一些有效的知识。

3.3.2 花坝村方面

一是村上方便群众、游客生活和游玩的基础设施有待完善;二是集体经济发展缺乏完善的考核奖励机制,人员积极性有待加强;三是产业发展规模较小、产业结构有待优化。

3.3.3 群众方面

经调研发现,部分村民并不是很了解城乡一体化发展的优点,对于引进新事物有着一定的排斥心理,没能很好地配合政府。另外就是受经济影响,年轻的村民被迫外出打工,留下的都是一些老人,工作能力和知识技能都很有限。

4 对城乡一体化发展的建议

4.1 政府方面

坚持把统筹城乡发展作为转变经济社会发展方式的重要战略任务。把统

筹城乡协调发展纳入"十三五"发展的重点之中，作为促进国民经济协调发展的战略举措，科学规划，认真组织实施。

实行机制创新和新农村建设"双轮驱动"，推进城乡经济社会一体化发展。加快建立城乡发展一体化的体制机制，着力在城乡规划、产业布局、基础设施、公共服务、劳动就业、社会保障"六个一体化"上求突破。进一步建立和完善城镇体系，以城乡发展一体化为导向，促进大中城市和小城镇协调发展。以新市镇、新镇区和新型农村社区建设为重点，提升城镇和农民住房建设水平，建设让农民幸福生活的美好家园。

尽快构建有利于促进统筹城乡发展的组织领导体系和政策支持体系。目前，国务院统筹城乡发展的大政方针已定，但尚缺少牵头部门具体负责，支持统筹城乡发展的政策也比较分散，不够系统和集中，不利于整体推进统筹城乡发展工作的开展。因此，建立健全统筹城乡发展的组织领导体系和政策支持体系显得尤为迫切。要按照统筹城乡发展的要求，强化组织领导，制定和完善考核机制，形成鲜明的导向。

4.2 花坝村方面

发展并完善旅游业。由于游客的增多，花坝村需要在保护环境上严格按照要求保护环境，增添旅游设施。

增加客运设施。花坝村目前并未有完整的客运设施，由城区到花坝村只能自驾出游。

4.3 群众方面

呼吁外出工作的农民工回乡建设。经过调研发现，花坝村现在村人口大多都是留守老人，缺乏青壮年，应该鼓励农民工返乡就业，共同建设花坝村。

5 结论和总结

新型城镇化和城乡发展一体化是经济社会发展的必然趋势，是二、三产业向城镇集聚、农业人口向城镇转移、乡村地域向城镇地域转化、城镇数量和规模不断扩大、城镇生活方式和城镇文明不断向农村传播扩散的必然经历的历史过程。在加快经济、政治、社会改革的新形势下，新型城镇化作为最大的内需，必将带来消费群体的迅速扩大和消费方式的提档升级，加之与其相配套的城市基础设施、公共服务体系和住宅建设等投资，正在成为推动经济发展最持久的内生动力。本文以花坝村城乡一体化发展为基础，总结其经验，提出一系列促进城乡一体化发展的措施，希望能对重庆城乡一体化发展提供帮助。

参考文献

[1]潘保兴. 深刻认识推动城乡一体化发展的重要意义[J]. 科技致富向导, 2013, （35）: 1.

[2]东莞市统计局. 城乡居民收入差距问题浅析[EB/OL]. (2005-10-18)[2022-5-22] https://tjj.dg.gov.cn/zfxxgkml/tjxx/content/post_661288.html.

[3]重庆市人民政府. 重庆市人民政府关于印发重庆市推进农业农村现代化"十四五"规划（2021—2025年）的通知[EB/OL]. (2021-09-10)[2022-5-22] https://www.cq.gov.cn/zwgk/zfxxgkml/szfwj/qtgw/202109/t20210910_9685856.html.

[4]博雅地名网. 重庆市綦江区古南街道花坝村[EB/OL]. (2005-10-18)[2022-5-22] http://www.tcmap.com.cn/chongqing/jiang_gunanzhen_huabacun.html.

城市化进程与农民拆迁安置问题浅谈

马意尊

（重庆移通学院淬炼商学院，重庆 合川 401520）

摘　要：近几年来，重庆綦江积极发展第二、第三产业并引进重大项目，大力推进城镇化建设，农民拆迁安置房的建设不断激增。而农民拆迁安置小区的物业管理水平关系到社会稳定、经济发展和群众利益，是提升百姓生活质量和拆迁安置、保护居民生命财产安全的关键措施，而再就业是关系到农民"剩下的一生的问题"。如何加强农民拆迁安置小区的物业管理和拆迁户再就业，已成为需要研究解决的重要问题。

关键词：农民；拆迁；安置

A Brief Talk on the Process of Urbanization and Farmers' Demolition and Resettlement

Ma Yizun

(The Forge Business School, Chongqing College of Mobile Communication, Hechuan, Chongqing, 401520)

Abstract: In recent years, Chongqing Qijiang has actively developed the secondary and tertiary industries and introduced major projects, vigorously promoted the construction of urbanization, and the construction of resettlement houses for farmers has continuously increased. The property management level of the farmer resettlement community is related to social stability, economic development and the interests of the masses. It is a key measure to improve the quality of life of the people and the safety of the lives and property of the residents resettled by the resettlement. Reemployment is a lifelong issue for farmers. How to strengthen the property management of farmers' resettlement communities and the reemployment of demolition households has become an important issue that needs to be studied and resolved.

Key Words: Farmers; Demolition; Resettlement

1 农民拆迁安置小区管理与再就业现状

物业管理是城镇管理的一个部分，是市场经济下的新兴服务产业，而农民拆迁安置小区的物业管理，更是目前城镇化推进中重要的一环。目前从全国而言，也都是在摸索、探讨之中，在磨合中解决矛盾，并没有一整套完整的合乎规范要求和农民需求的管理方法。就金堂县农民拆迁安置小区物业管理的调查情况来看，至少存在以下三种模式：

一是由政府平台公司出资，成立专业化的物业管理公司，在政府指导下进行管理，老百姓不缴纳或缴纳部分物管费。

二是由村或社区委托专业的物业公司管理，物业费来源于小区商铺的租金。

三是依托原村委或社区居委的人员。在增加部分人手的基础上，实施物业管理[1]。

由农村向城市、由农民向市民的转变。大量的农用耕地及企业被征用、拆迁，随之而来的是一批高新企业、高科技人才的引进，滨江的发展日新月异。随着征迁工作的推进，拆迁安置人员不断增加，大量的原住民因征地拆迁、企业征迁而失业。特别是一些四五十年代出生的人，他们无一技之长，同时还承担着一家的重担，这无疑也给社会带来一定的不稳定因素。

2 农民拆迁安置小区管理存在的问题

农民拆迁安置小区的物业管理刚刚起步，处于不断摸索阶段，专业性不强，市场化进程缓慢，各乡镇的发展又不平衡，特别是较早建设的农民拆迁安置小区在规划、建设上考虑不足。随着物质生活水平不断提高，物业配套和管理与百姓要求相差较大，矛盾较为突出。主要存在的问题表现在以下几个方面：

一是规划设计滞后，建设配套等问题突出。

由于县域经济发展较快，农民拆迁安置小区在"即拆即安"的指导思想下，建设时间仓促，规划滞后且配套设施不齐全，随着百姓生活水平提高，矛盾日益突出。如停车位不足等现象频出。

二是安置房的质量存在一定问题。

第一，安置房建设时间紧、任务重，往往没有整改完毕就要求马上入住。第二，安置房属于简装房，但是很多百姓仍然要装修后入住，在装修过程中破坏原有的建筑结构或防水层，导致房屋质量受损。

三是原有生活习惯的延续增大了小区管理难度。

农村百姓原有的生活方式和习惯与现代物业管理的要求存在冲突，对物业管理没有认同感，这种情况在短期内是无法改变的。首先是因为搬迁的多是农民，他们职业技术欠缺，对于小区的融入度不理想，社区意识不强，适龄的事业人群属于主动失业。还有部分人群满足现状，不愿意去就业。

如违章搭建屡禁不止、随意抛垃圾、在绿化区域种植蔬菜、车辆乱停乱放、拖欠物业费等。

四是因为对于拆迁户再就业不够重视，而且仍处于基础阶段，拆迁户的个人素质不同。

年轻人和中年人拿到钱后，想的是如何满足自己的需求，而且不考虑资金多少的问题，在很短的时间就花光了，也有不少人走上违法犯罪的道路。他们因此染上恶习：吸毒、赌博欠债、好吃懒做……最终土地、房子没了，补偿金也没了，因此欠债的人不在少数。在中国城市化进程过快，再就业项目在中国还发展不完善，使得很多人本身素质不高，有了钱之后就只是享乐，慢慢地影响了社会风气[2]。

3 綦江新兴社区城市化进程与农民拆迁安置的实践

3.1 綦江新兴社区情况介绍

在重庆市綦江区的新兴社区里，居住着一群特殊的人，他们大多来自农村，为了响应国家号召而搬迁至城市。重庆市綦江区通惠街道新兴社区成立于 2010 年 10 月，是集农转非安置小区、商品房、行政办公为一体的融合型社区。辖区有机关事业单位 11 家、陵园小学、綦江中学等学校 4 所，医院 1 家，非公企业 384 家，各类社会组织 13 个。

3.2 新兴社区的措施

新兴社区利用党建引领四社（社工、社会志愿者、社区、社区组织）联动致力精准扶就业：就业平台进小区，岗位一键直达，对于残疾人也有相应的岗位培训工作。精准治乱点：加强宣传、改变生活习惯、营造安心入住氛围。精准治品质：投入大量人力财力改善社区环境、打造幸福大道、与老百姓共治共建；社区榜样力量引领社会风气，感染社区，带动居民共创美好家园。以党员为核心力量，吸纳各类技能型人才，对辖区内孤寡老人、困难老人、特困户、残疾人等重点人群开展关心关爱、家电维修等邻里守护志愿服务。为辖区困难老人提供家电维修、免费理发 16 场次。开展敬老爱老助老、心理疏导、生活照顾等志愿服务 150 场次。由退休干部和本土居民中有威信、有影响力的居民组成"和事佬"志愿者服务队，聚焦安置房小区家庭矛盾、邻里矛盾等，发挥人熟地熟优势，开展矛盾纠纷排查化解和安全隐患排查，全年排查化解家庭矛盾，进一步宣传凝聚群众，传递益人、益己、益家园的社区。以市级社会治安重点挂牌整治地区、法治示范社区创建和社区综治中心建设为契机，统筹"1+5+N"社会治理队伍，组建联合巡逻队、普法宣讲队，对南方翻译学院、小区、娱乐场所等重点区域进行宣传、整治。至今，已发放治乱宣传资料3万余份。成立以社区、城管执法大队为主的整治工作组和以辖区单位、物业协会、志愿者为载体的宣传工作组，在停车秩序、店招店牌、扬尘治理、菜园子、占道经营"五大整治行动"中，突出重点，开展分类分段定时定效专项整治。共计开展宣传宣讲30余次，发放资料2万余份，开展停车秩序整治45次。规范星月国际、嘉惠新城小区店招店牌38块，整治菜园子230亩，累计组织群众1200余人次。每月开展城市大清扫和菜园子整治。通过精准链接辖区资源，让民心更稳、治安更好、市容更美，营造安心社区。形成了以社区、社工、社会组织和社会单位协同共治的"四社联动"机制，创新"心志愿"特色服务品牌，组建"红徽章""橙知心""绿之家"小分队，形成居民"点单"、社区"派单"、志愿者"接单"的"三单制"精准志愿服务模式，营造舒心、安心、暖心的社区环境。

4 总结与建议

统筹制订规划标准；完善小区工程配套；指定全县农民拆迁安置小区建设标准；明确并细化小区内配套设施的种类，如停车位和建设器材配备等，做到提前规划，完善配套。

强化管理，提高安置小区建设质量。一是选择施工质量好的建筑企业建设安置房小区。二是强化过程控制，业主方及监理方严把质量关，同时组织村民代表参与施工质量的过程监控及最终的综合验收。三是做好对小区百姓的宣传，提前告知在装修入住时应该注意的事项，避免因违规拆建造成对房屋质量的影响。

加大宣传和引导，加快从农民到"新市民"的转变。依靠村及生产队等基层组织，发挥党员带头作用，大力宣传现代生活方式及现代物业管理要求。强化百姓的主人翁意识，把思想逐步从"被管"转变成"我要管"，形成百姓与物管、村、镇和县政府共同创建美好家园的局面。

因地制宜，多样化管理并存，逐步推进物业管理市场化。根据小区所在区域的经济发展程度和物业管理进入的程度，区别对待进行物业管理的市场化推进，不断引导消费，确立付费服务的观念。一是对于已经开始住户分担部分物业费的小区，逐步降低政府补贴比例，提高住户缴纳比例，最终实现全面市场化管理。二是针对成熟小区，逐步转变由政府全面负担物业管理费，开始启动住户分担物业管理费进程，用一段时间，渐进式过渡到全面由住户负担。三是对于集体经济自行承担物业管理费用的小区，政府要予以鼓励与支持，但是要逐步规范物业管理，不断提升物业管理水平。

作为失地人员，也应当充分发挥主观能动性，敢于创新，学有所长。通过政府提出的各项有利措施，充分发挥自身积极作用，实现自主创业、再就业。结合自身优势，利用外界条件谋求长远发展。避免因一时获取大额金钱而不知如何使用，养成"赌博"恶习，以及大肆消耗奢侈品等行为。应当学会合理消费、合理运用金钱，为自身再就业、再创业打好经济基础。

就业是民生之本。农村劳动力就业是一项事关全区经济社会改革、发展和稳定的大事，事关城乡统筹和"三农"问题的系统工程。针对失土农民文化程度不高、除了务农无一技之长的实际情况，给予培训补贴。对被征地人员、农村劳动力参加创业培训的经费给予全额补助；对被征地人员参加职业指导、公益性岗位培训等各类技能培训，其培训费和技能鉴定费给予全额补助；对被征地人员、农村劳动力，在定点培训学校参加职业资格培训并取得相应国家职业资格证书的，初级工、中级工、高级工、技师、高级技师等，分别给予政府培训补助。通过培训使他们掌握一技之长，实现再就业。

最终希望通过共同努力，让有劳动能力无就业意愿的农村劳动力通过宣传、教育树立就业观念；让有就业愿望和劳动能力的失业被征地人员通过职业介绍、就业援助实现再就业；让已就业人员通过技能培训提升劳动素质，巩固其就业。

放宽对领取双证（失业证、就业援助证）的年龄界限，使企业在招用本区人员就业时能享受政策的优惠，更利于再就业。政府应加大对拆迁户家庭大学生的关注力度，加大对其创业就业的帮扶力度，深入开展"家燕回巢"活动，力争取得最好效果，切实提高拆迁户大学生创业就业的能力[3]。

综上所述，为了建设新颖的、富有特色的和谐农民拆迁安置小区，应当从居民的切身利益和实际情况出发，采取逐步渐进的推进方式，从改变农民生活方式和习惯的角度出发，逐步规范小区管理，为安置人员做好物业管理服务，维护好安置人员的合法权益，使安置人员能够享受高质量的物业管理服务，建立和谐、稳定的拆迁安置房小区，促进城镇化建设进程。也应该从政府角度进行引导和培养，帮拆迁人员树立再就业的意识，加强宣传力度。宣传再就业是有利于国家、有利于社会的。认真听取拆迁户的诉求，提供符合拆迁户特点的工作方式。在推进城中村改造中，建议政府加大对获得较为丰厚拆迁补偿款村民的再就业指导，防止他们沾染恶习、因富返贫。拆迁后，政府要做大做强集体经济，提高村民股权分红收益。回迁房建设标准要向商品房靠拢。同时，要出台管理规定，完善对回迁房住户的管理。

参考文献

[1]陈忠静．拆迁安置房物业管理的难点及对策[J]．现代商业，2012（8）：238．

[2]华建良．沈晓松．农民安居房物业管理初探[J]．江南论坛，2007（11）：33-34．

[3]钟全英．做好拆迁安置房物业管理的思路和策略[J]．福建建材，2014（9）：98-99．

城市化过程中的乡村文学和城市文学

谢棋羽

（重庆移通学院工商管理系，重庆 合川 401520）

摘 要：改革开放以来，国民经济的增长推动了中国的城市化进程高速发展，城乡之间的隔阂逐渐打破，广大作家与时代同行，将故事对准了城市，中国现代城市文学开始涌现，乡村文学相应减少。而纵观改革开放以来，在乡村文学日益减少的同时，城市文学也并没有得到很好的发展，并未取代乡村文学曾经达到的繁荣。

关键词：城市化；城市文学；乡村文学

Rural Literature and Urban Literature in the Process of Urbanization

Xie Qiyu

(The Forge business School, Chongqing College of Mobile Communication, Hechuan, Chongqing, 401520)

Abstract: since the reform and opening up, the growth of the national economy has promoted the rapid development of China's urbanization process, and the gap between urban and rural areas has been gradually broken. The majority of writers, along with the times, have focused their stories on the city, and the modern urban literature in China has begun to emerge, while the rural literature has decreased correspondingly. Since the reform and opening up, while the rural literature is decreasing, the urban literature has not been well developed, replacing the rural literature to achieve the prosperity.

Key words: Urbanization, Urban literature, Rural literature

1 失落的乡村文学

1.1 乡村人口数量的减少

乡村文学是以乡村为题材，揭示乡村社会现象的文学作品。城市文学则是以城市为题材，揭示城市社会现象的文学作品。根据七次人口普查的数据，城镇人口比重不断上升。改革开放以来，随着城市化的发展，越来越多的人选择生活在城市，留在乡村的大多数是儿童和老人。因为大量进城的人群让城市与乡村之间的隔阂被打破，越来越多城市的事物拥入乡村，从小生活在乡村的人接触到城市生活，实质上成了生活在乡村的城市人，乡村变得没有从前那样纯粹。毋庸置疑，生活环境的改变，社会的变化，也同时改变了一些作家的创作。以乡村为题材的作品开始慢慢减少，随之开始城市文学开始发展。

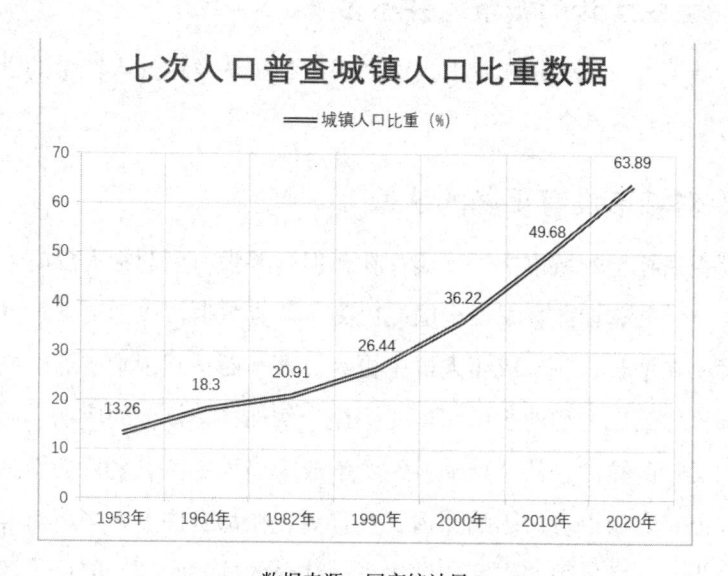

七次人口普查城镇人口比重数据

数据来源：国家统计局

1.2 创作乡村文学作品的人数减少

当然也有部分作家因为故乡情怀，会继续创作乡村文学。就茅盾文学奖来说，作为中国最高荣誉的文学奖项之一，获奖作品中，乡村文学占据着重要地位，但乡村文学确实在走下坡路，有学者指出："在 90 年代以来的小说中，城市生活、城市题材的确被更多的作家关心、表现，而农村（乡村）题材的多元主题正在渐渐贫血、单一。"[1]乡村文学作品主题逐渐单一，确实也是现在乡村文学的难题，许多新生代作家写的乡村文学作品，总有一种千篇一律的感觉，仿佛都是同一种路子，失去了原本乡村文学的那种丰富性。

但是现在创作乡村文学的大部分作家早已不在乡村生活，或者乡村生活只存在于童年，乡村生活已经是过去式，而且对乡村生活缺乏回望，印象不深刻，其实也是在以对乡村的刻板印象来创作，写出来的作品也就会让人感觉到不真实。

2 城市文学萎靡不振

2.1 土生土长的城市人并不多

虽然城镇人口比重是在变大，但大多数都是从乡村迁入城市的，真正土生土长的城市人并不多。

2.2 对城市没有正确的认识

不可否认纯粹的城市文学确实存在，但是并没有引起很大反响。是文学边缘化了吗？并非如此。根据全国国民阅读调查数据可以知道，近五年国民阅读量确实在增长，在未成年人群中更为显著，而在阅读量增加的同时，城市文学却不像其他类型的小说那样受关注，例如《三体》的成功，掀起大家阅读科幻文学的热潮，甚至推动科幻文学成为当下主流。乡村文学虽然在慢慢衰落，但它之所以可以影响深远，并且到现在都有许多人将笔对准乡村生活，是因为有一批优秀的作家，讲述乡村社会的核心问题，创造了拥有深刻构思的作品，影响着一代又一代人。现如今城市化进程越来越快，城市文学依旧低迷，正是因为城市文学缺少这样的"轰动时刻"，没有"里程碑"的转折点，没有脍炙人口的作品，自然让许多作家提不起兴趣。作者持续关注着乡村题材，创作乡村文学，相应地就会忽视城市文学的创作。

2016-2020年全国国民阅读调查数据

近五年全国国民阅读调查数据

—○— 成年国民人均纸质图书阅读量（本）
—○— 未成年国民人均纸质图书阅读量（本）

年份	2016年	2017年	2018年	2019年	2020年
成年	8.34	8.81	9.28	10.36	10.71
未成年	4.65	4.66	4.67	4.65	4.70

数据来源：中国新闻出版研究院

除此之外，许多作家们对城市的疏离感，写浮于表面的城市生活，不贴切真实的城市现象，没有认清城市社会内核，最后创作出没有"营养"的作品，也是城市文学发展不起来的原因。"都市题材还欠缺源自本性的时代性与现代性"，即使有作者从许多层面阐述着城市社会，但大多数作者"个人的都市体验没有落到生命的本能层面"，仅仅"止于社会与文化层面"[2]。原因在于中国长年的农耕生活，培养了中国人的乡土根性，许多作者"一方面站在乡土立场，但又身不由己投入社会与都市共谋的狂欢仪式；一方面又依恋现代的审美精神，在对都市的文明病、欲望、堕落等的批判中却又滋生出无根的恐惧和漂泊的茫然，总有把都市模糊化乃至乡村化的潜在冲动"[3]。所以可以理解许多作家选择创作城市题材的初衷，却难以把它们看作真正意义上的优秀城市文学。

作家们对城市的疏离感还因为缺少稳定的"写作标本"。例如曾经的乡村文学：鲁迅《祝福》里的祥林嫂，典型的中国农村妇女形象，勤劳、善良，却受旧社会封建传统思想的迫害和吞噬；余华《活着》中的福贵，隐忍又乐观地面对发生在他身上的所有不幸，展现了当时中国农民不屈服命运的顽强意志……而现在的城市，缺少稳定的"写作标本"，没有典型的人物形象，塑造人物也就不丰满。

3 乡村文学与城市文学未来的发展道路

乡村文学和城市文学都在面临不同程度的阻碍，而现在的困难是城市文学"方兴"，乡村文学"已艾"，如何解决这个问题，需要一些讨论。

3.1 乡村文学何去何从？

为了国家富强，城市化这个步伐肯定是只进不退。虽然现在还没有完成城市化进程，乡村文学却已经开始走下坡路，这是不容忽视的一个悲哀事实。越来越多的人选择在城市生活，是因为乡村的生活水平和城市相差甚远，短期之内要想缓解这个现象难如登天，但是现在可以对未来乡村文学的发展做出行动。乡村与城市的差异要逐步缩小，城市中唾手可得的基础设施乡村也要具备，在乡村居住没有感受到不便利，才会出现返乡生活的人群。

3.2 城市文学路在何方？

改革开放40多年来，乡村文学虽然不如从前，但仍是主流。城市文学依然没有发展起来，其实换言之就是城市文学没有达到乡村文学的创作高度。城市文学为何得不到关注，很大程度上是缺少真正描写城市、聚焦城市问题的作家。还有电子化阅读的发展，让越来越多读者喜欢碎片化阅读，许多作家为了迎合读者，开始写小篇幅作品。所以作家要多观察，聚焦真正的城市问题，不追求点击率，沉得住气去写真正有价值的城市文学，愿意十年磨一剑来铸造作品。

城市文学没有发展起来，还有一个原因是城市生活离当代人太近了，大家习以为常，并没有觉得有何特别之处。相反那些早已过去的从前或者捉摸不透的未来，才是作者心中创作的"黄金时代"。或许等城市化到了一定进程，返璞归真回归乡村的人群不是少数时，人们才会跳脱出自己对城市的刻板印象，书写城市的故事。但是在那之前，城市文学的发展就需要冲破条条框框和各种偏见，从内心出发大胆自由地创作。

参考文献

[1]艾莲. 改革开放30年中国城市文学发展论略[J]. 成都大学学报（社会科学版），2008（5）：82-85.

[2]任美衡. 历史呈现与茅盾文学奖的"题材类型"分析[J]. 西南民族大学学报（人文社科版），2010，31（3）：68-74.

浅析乡村振兴之下村民迁居城市意愿

杨燕

（重庆移通学院淬炼商学院，重庆 合川 401520）

摘　要：随着国家经济的稳步发展，人们的生活水平也得到了改善。但发展不平衡仍是难以克服的难关，于是国家采取了一系列乡村振兴战略，由此出现了农村人口向城市转移的现象。本文将利用利益驱动导向的研究方法，对物质等各种条件进行转移前后的对比，并结合重庆市綦江区新兴社区进行讨论，从而研究人们对迁居城市的意愿。

关键词：城市化；精神文化；新兴社区

Analysis on Villager's Willingness of Moving to City Under Rural Revitalization

Yang Yan

(The Forge Business School, Chongqing College of Mobile Communication, Hechuan, Chongqing, 401520)

Abstract: With the steady improvement of the national economy, people's living standard has also been improved. However, the unbalanced development is still a difficult problem to overcome, so we have adopted a series of strategies such as rural revitalization. As a result, there has been a shift from rural areas to urban areas. In this paper, I will make a comparison before and after the transfer from various conditions such as material, etc. And unifies the Chongqing Qijiang district

XinXing community to carry on the discussion, to Study People's willingness to move to cities.

Key Words: Urbanization; Spiritual Culture; XinXing community

1 乡村振兴的概念

乡村振兴战略，是中共十九大做出的重大决策部署，是决战全面建成小康社会、全面建设社会主义现代化国家的重大历史任务，是新时代"三农"工作的总抓手。乡村振兴战略坚持农业农村优先发展，目标是按照产业兴旺、生态宜居、乡风文明、治理有效、生活富裕的总要求，建立健全城乡融合发展体制机制和政策体系，加快推进农业农村现代化。

乡村振兴同时是我国融合发展的有效路径之一，在这个过程中，会出现农村居民向城镇转移现象。其包括几个方面，如：建设用地占地，农民即脱离农业转入工业或第三产业；年轻劳动力外出务工，乡村失去活力而进行并村建镇。对于这些现象，农村人口对转移城镇的意愿如何？即做以下调查研究。

2 农村与城市物质条件对比

2.1 入城前和入城后的收入对比

随着全国经济的迅速发展，城乡经济实力差距也越来越显著。有很多青年劳动力开始拥入城市工作，只为了获得更高的报酬，而家里的老幼妇女会继续待在农村，这是当下农村家庭的普遍现象。以贵州省铜仁市松桃苗族自治县迓驾镇迓驾村为例，在一户普通的农民家庭的收入中，包括了家庭农业生产经营的收入，以及青壮年劳动力在城市务工所获得的收入。青壮年劳动力一年中有8个月左右的时间能在城市稳定地进行工作。其中，在春季和秋季这种农忙季节时，他们需要请假回家，进行耕种、收割等一系列的费力的农活（妇女及老年人无法独立完成）。

据调查显示，农民进城务工的工资大概在4000元—6000元之间，去除饮食、水电、房租等一系列生活成本，大概每个月花费至少 2000 元，这样下来，每年的净收入在 10000 元—30000 元之间。按市场价看，小麦大约为 1.5 元/斤，大米大约 2 元/斤，而在农村的每户人家，平均拥有 5 亩地左右，每亩地的小麦和水稻产量均不到 1000 斤，没有天灾人祸的情况下，每年两季收入在 7500 元—10000 元，去掉种子、除草剂、肥料等一半的成本费用，一年的净收入大概为 3750 元—5000 元左右。这样算下来，一个普通的农村家庭每年的净收入应为 13750 元—35000 元。

相比之下，倘若他们进入城市生活又会怎样？青壮年劳动力的工作时间将从一年 8 个月增加到一年近 11 个月，工资从一年 10000 元—30000 元增加到 44000 元—66000 元（此处不计青壮年劳动力独自生活的生活费等），家中的妇女也有机会去选择适宜的工作，可以根据自己的实际情况去选择做半天或者全天的工作，每个月也至少可以拿到 2000 元—3000 元的薪资，则一年的薪资大概在 22000 元—33000 元。这个家庭的主要收入来源就会变成至少两名青壮年劳动力的务工收入，同时家里五亩地的一年地租，也有 2000 元—5000 元稳定的收入。这样的话，这个家庭每年的总收入就大概为 68000 元—104000 元（将以上收入所有项都取平均值，如图 1）。

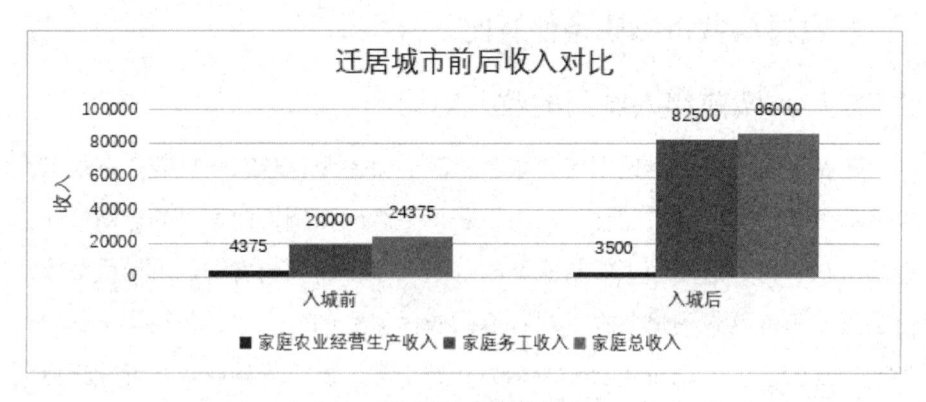

图 1　迁居城市前后收入对比

妇女的收入完全可以用在房租水电等日常生活杂费上。倘若他们把家里剩余存款存入银行，每年也会有不少的利息收入。当他们有了一定的积蓄，可以根据自己的情况，在城市里贷款买一套房子，这样就不需要再额外交一笔房租的费用了,也省去了进城赶车、转车等交通费用,生活变得更加方便。同时这个家庭也更有能力培养孩子的兴趣与爱好,家里面的老人可以在小区的棋牌室和邻居或者朋友打牌、下棋等,也可以和家人或者约上三五好友在湖边散步,去广场跳舞,以后也不需要再担心地里的农活以及粮食产量。因此整个家庭的生活质量也得到大幅度提升,城市生活带来的益处远远大于农村生活。

2.2 城市相比农村就业创业更便利

随着国家经济水平的日益上升,各种新兴产业的崛起,对人才的大量需求同时也产生了大量岗位,从而也为这些转移至城市的农民提供了大量的就业机会、创业机会。转移至城市的劳动力可以根据政策趋势、当地发展、自身特长等进行就业或者创业发展。中老年人进入城市同样也可以找到属于自己的岗位,如发传单、做保洁员等等,这些行业门槛低,适合转移城市农民。相比之下,若继续在农村,农民依旧是种田、种菜等,而将其劳动成果拿到市场去卖也并不会带来较多的利益。就业、创业的环境也被局限,看不见市场形势,就业机会狭窄。

2.3 城市相比农村交通更加便利、信息更灵通

随着国家科技水平的稳步提升,交通工具更加多样,也减少了城市的交通压力。转移至城市的农村人,可根据自己的喜好选择交通工具,并且城市的地铁、公交等分别连接着城市不同的地区,可以直达目的地。城市的老人、孩子可以出门直接打的士车、坐公交等,也不用担心找不到路。年轻人赶时间可以提前在手机上把车约好。当他们想放松或者近距离又不想徒步时,也可以选择公共电瓶车、公共自行车。

城市信息化发展十分迅速,目前已经进入5G时代,当转移至城市,想要知道信息上网即可搜索。同时当他们走到大街上,可以看见广告栏里张贴的海报,比如一些招聘信息、房源、维修号码等。相比之下,农村就相对弱许多,当农民需要采购或者有其他需要时,要走很长一段汽车无法到达的山

路，才能抵达乡镇。并且进城也需要转好几趟车，相对比较麻烦。在农村生活，环境的封闭导致外面信息进村十分缓慢，且大多数以口述的方式传达，其真实程度也会打折扣。

3 农村与城市生活文化对比

3.1 城市相比农村教育和医疗水平更优越

随着国家对教育的重视，教育资源不断丰富，学校的教育方式也不再像以前的应试教育，逐渐开始重视综合能力。转移至城市有助于他们的小孩接受更加先进的教育，也有了假期送小孩去各种补习班，比如播音主持、舞蹈、美术、音乐器乐以及武术等等，培养小孩的兴趣，为国家输送各类人才。城市的医疗设施亦相对完善，医疗水平也相对高。城市的医院数量逐渐增多，转移至城市的农民生病时可以得到及时的医治，不会因距离、时间而耽误病情。相比之下，农村就相差较远，在农村的孩子，得不到更好的教育，更没有机会去培养兴趣爱好，也开拓不了视野和眼界。

3.2 城市文化设施相比农村文化设施更丰富

随着国家经济的快速发展，人们越来越重视身边的文化设施的建设。城市的发展更快，因此文化设施也更健全。在城市里，体育馆、自习室、图书馆、游乐场、民间艺术培训中心等文化设施已然成为城市的标配。年轻人可以去体育馆打篮球、网球等，不断增强自身身体素质。女性也有机会去美容店进行护肤等皮肤管理，从而提升她们的自信。青少年可以去的地方更多，周末去图书馆看书、自习室自习，和朋友一起去游乐园等娱乐场所游玩。老年人可以去茶馆和朋友喝茶聊聊天，也可以去棋牌室和朋友打打牌、下棋等。因此，来到城市，可以改善一个人的生活方式，从而达到理想的生活状态。

4 农村与城市精神文化对比

4.1 城市居住人群与农村居住人群的娱乐差异

随着人们生活条件的改善，各种信息化产物也进入家庭，比如手机、电脑等高科技产品。对于城市居住的人，他们娱乐内容逐渐丰富、多样化。年轻人可以去楼下公园玩滑轮、滑板等，或组团去旅行，和自己的朋友相约去游乐园等。而老年人则是一个容易被忽略的人群，一方面是因为自身身体的限制，另一方面是因为社会的迅猛发展，各种现代化的娱乐方式让他们无法快速接受。但是在城市你会看见老年人在广场愉快地跳着舞，当然也可以去报团旅游，比如夕阳红旅游系列等。相比之下，农村人的娱乐方式较为单一。

4.2 城市居住人群与农村居住人群的观念差异

因为地理差异、环境差异，自然也就形成人们对待世界、社会和人生的不同态度和观念。在这个意义上，农民在大多数情况下观念是局限的。农村居住人群由于常年待在乡下，对于城里的发展了解较少，因此导致他们保守、封闭。而城市居住人群，对新事物有所了解，眼界也更加开阔，因此城市居住人群往往展现出更先进、文明、开放的一面。

5 城市相比农村存在的"危机"

5.1 强烈对比所产生的压抑

城市里会遇到各种人，比你优秀的、收入比你高的、能力比你强的，会使人们的自卑心理涌上心头，这种心理会使部分人逐渐"异"化，他们会不择手段往上爬，他们会通过不法途径获取利益。这不仅不利于人们的身心健康发展，同时还为社会治安、人际关系带来困扰。并且，在城市，收入差距悬殊导致低收入人群在城市难以立足，买车、买房更是遥不可及，从而压力逐渐增大。在农村，每家每户的收入差距不会很大，攀比心理也相对较少。

5.2 交通拥堵

随着国民收入的增高，制造业的迅速崛起，街道上的汽车也越来越多。城市内车流日益增加，每逢高峰时间，上班的、旅游的、购物的车流从四面八方涌入市中心，导致交通拥堵。

5.3 城市化迅速发展对农村迁移城市人口的不利影响

科技的迅猛发展给我们带来了许多物质财富，便捷了我们的生活。但对于农村迁移到城市的人口来说，需要一段很长的适应时间。科技产品大多数都具有便捷性的特点，人们对科技产品的依赖，让人们思维固化，加重了惰性心理。而对于农村人来说，许多手工活都被机器取代。他们需要适应科技时代，学会使用科技产品以及机器。部分农村人习惯于以往的生活，无法理解这种便捷，反而不愿意尝试科技产品，从而无法体会到它们带来的好处。

再者，农村人的身体素质也因此会受到影响。不仅仅是减少了体力劳动，手机电脑的辐射危害，也会影响到人的身体健康。有些未接触到电子产品的人，会在使用后短时间内感到身体不适。长期使用，影响则甚大。

6 解决办法

面对以上问题，参考重庆市綦江区新兴社区的解决方法。在他们的社区里居住着一群特殊的人，他们大多来自农村，为了响应国家号召而搬迁至城市。重庆市綦江区通惠街道新兴社区成立于2010年10月，是集农转非、商品房、行政办公为一体的融合型社区。2020年以来，新兴社区针对辖区社会资源多的优势和居民结构特点，通过党建引领"四社联动"，创新推进基层社会治理"四字工作法"（即基层组织"领"、宣传发动"引"、四社联动"治"、志愿服务"帮"），把支部建在网格上，将红色基因延伸至社会治理的末梢。

注重宣传针对性，依托党员活动室、妇女之家、儿童之家等阵地，深化社区教育，分类别开展精准宣传发动，提升居民文明意识。实行社区、社工、社会组织和社会单位协同共治的"四社联动"机制，创新"心志愿"特色服务品牌，组建"红徽章""橙知心""绿之家"小分队，形成居民"点单"、社区"派单"、志愿者"接单"的"三单制"精准志愿服务模式，营造舒心、安心、暖心的社区环境。

6.1 四社联动"治"

6.1.1 精准就业

社区吸纳辖区内社工，成立新兴社区社会工作室，针对辖区内征地拆迁居民就业问题，将就业平台搬进小区、走近家庭、联到网上，通过摆摊、入户、线上收集就业需求，充分发挥第一书记所在单位的优势，整合区人社局资源和辖区企业用人单位信息，实现需求—岗位"一键直达"。新冠肺炎疫情防控期间，入户1714户，复工复产企业386家。2020年开展就业培训12场次，解决146名拆迁居民就业，社区就业达99%，连续3年实现区级星级充分就业社区。

6.1.2 精准治乱点

以市级社会治安重点挂牌整治地区、法治示范社区创建和社区综治中心建设为契机，统筹"1+5+N"社会治理队伍，组建联合巡逻队、普法宣讲队，对南方翻译学院、小区、娱乐场所等重点区域进行宣传、整治。至今，已发放治乱宣传资料3万余份。

6.1.3 精准提品质

成立以社区、城管执法大队为主的整治工作组和以辖区单位、物业协会、志愿者为载体的宣传工作组，在停车秩序、店招店牌、扬尘治理、菜园子、占道经营"五大整治行动"中，突出重点，开展分类分段定时定效专项整治。今年以来，共计开展宣传宣讲30余次，发放资料2万余份，开展停车秩序整治45次，规范星月国际、嘉惠新城小区店招店牌38块，整治菜园子230亩，累计组织群众1200余人次，每月开展城市大清扫和菜园子整治。通过精准链接辖区资源，让民心更稳、治安更好、市容更美，营造安心社区。

6.2 志愿服务"帮"

6.2.1 "红徽章"小分队

以党员为核心力量，吸纳各类技能型人才，对辖区内孤寡老人、困难老人、特困户、残疾人等重点人群开展关心关爱、家电维修等邻里守护志愿服务。今年以来，为辖区困难老人提供家电维修、免费理发16场次，开展敬老爱老助老、心理疏导、生活照顾等志愿服务150场次。

6.2.2 "橙知心"小分队

以大学生为主干，吸纳辖区教师、医生等力量，针对拆迁居民子女健康成长的实际需求，提供学业辅导、亲情陪伴、自护教育等志愿服务。全年志愿者进行学业辅导、青少年防护知识讲座等志愿服务6场次。

6.2.3 "绿之家"小分队

由退休干部和居民中有威信、有影响力的人组成"和事佬"志愿者服务队，聚焦安置房小区家庭矛盾、邻里矛盾，发挥人熟地熟优秀开展矛盾纠纷排查化解和安全隐患排查，全年排查化解家庭矛盾，开展菜园子、消防通道等社区整治行动和志愿者服务活动，进一步宣传和凝聚群众。

6.3 宣传发动"引"

6.3.1 增强感染力

通过微信群、QQ群等新媒体平台，突破时间、空间限制，分享社区工作视频、组织活动视频、线上输送"理论快餐"等500余次，让居民第一时间知晓社区工作，营造浓厚的社区文化氛围。年初制作方言版疫情防控提示短视频，获得10+万网友点赞。通过全方位宣传引领，不断移除居民旧习俗、厚植新民风、弘扬正能量，营造崇法、崇德、和善、和谐的社会新风尚，营造舒心社区。

6.3.2 提高精准度

优选老党员、退伍军人、家庭典范等20余名社区典型模范人物，成立百姓宣讲团。根据人群特点"量体裁衣"，用好妇女儿童之家、青少年之家、退役军人之家等平台，结合"我们的节日+"主题活动，将理论知识融入活动之中，开展多形式宣讲。今年以来开展快乐童年暑期实践、我和绿军装的故事、"九九重阳节 浓浓敬老情"等系列主题活动20余场。

6.3.3 注重针对性

针对社区小区消防通道治理、城市品质提升等重点工作，整合通惠律师援助中心、中医院、妇幼保健院、消防支队等单位，组建20余人专业宣讲队伍，开展法律、健康知识、消防安全等专题宣讲30余场，驻社区民警、律师开展法律"坐诊"16场次，为居民提供法律意见24个。

7 总结

有专家指出，在2025年将会有近8000万农民迁居城市，证明了随着国家经济水平的不断发展、人们收入日益增高、文明的逐步提高，村民迁居城市已是不可逆转的趋势。本文通过利益驱动为导向的研究方法得出结论：农村村民迁居城市后各方面条件都将得以改善，因此可以推出农村村民愿意并乐意迁居城市。

浅析乡村振兴背景下农村产业融合发展

叶人榕

（重庆移通学院艺术传媒学院，重庆 合川 401520）

摘 要：农业农村农民问题是关系国计民生的根本性问题。全面实施乡村振兴战略，是解决新时代我国社会主要矛盾的重要举措，核心是从根本上解决"三农"问题。乡村振兴，重点是产业兴旺，农村产业融合发展要成为主要抓手。促进农村产业融合发展是提高农村居民收入、推动农业农村发展的全新模式，是促进农村产业蓬勃发展、推进农村农业现代化、实现乡村兴旺发达的着力点。本文探索农村产业融合发展现状，并根据存在的问题及原因，提出几点建议，并具体举出范例，希望以此来促进农村产业融合发展，以此助力乡村振兴。

关键词：乡村振兴；产业融合

Analysis on the Integrated Development of Rural Industries under the Background of Rural Revitalization

Ye Renrong

(School of Arts and Communication, Chongqing College of Mobile Communication, Hechuan, Chongqing, 401520)

Abstract: The issue of agriculture and rural farmers is a fundamental issue related to the national economy and the people's livelihood. The comprehensive implementation of the rural revitalization strategy is an important measure to solve the main social contradictions of our country in the new era, and the core is to fundamentally solve the "three rural" issues. The focus of rural revitalization is on industrial prosperity, and the integration and development of rural industries has become the main focus. Promoting the integration and development of rural industries is a brand-new model for increasing rural residents' income and promoting agricultural and rural development. It is a focal point for promoting the vigorous development of rural industries, advancing rural agricultural modernization, and realizing rural prosperity. This article explores the current situation of the development of rural industry integration, and based on the existing problems and reasons, puts forward several suggestions, and specifically cite the example, hoping to promote the development of rural industry integration and promote rural revitalization.

Keywords:Rural revitalization; Industrial integration

1 农村产业融合与乡村振兴的内涵

1.1 农村产业融合的内涵

产业融合是指不同产业或同一产业不同行业相互渗透、相互交叉，最终融合为一体，逐步形成新产业的动态发展过程[1]。这是一种融合的过程，打破了相关产业之间的界限，产生创造出一种新的生产模式与组织形式，对于增加就业机会、丰富和满足精神和物质需求有重大的意义。

农村产业融合是通过更高效的组织方式和更紧密的利益联系，使农业产业链各环节联系更加紧密，将生产、加工、销售、服务有机融合成一个整体，促进农业与二、三产业交叉融合的现代化产业体系的形成[2]。通俗意义上来说，在农业生产过程中，将某一地区的种植生产、旅游以及流通等产业联系起来，这是增加收入和农业价值的一种方式。农村产业融合有利于加强农村产业链的发展、要素的整合，实现农业的新业态与可持续性发展。

1.2 乡村振兴的内涵

新时代，城镇化和工业化的快速发展，城乡之间发展的差距逐渐拉大，导致城乡发展不平衡的问题日益突出。究其根本原因，是农业和工业的发展速度不同，无法实现工农业的同步发展。因此，在农业发展中要以乡村振兴为目标来缩小城乡差距、促进城乡共同发展，以此实现城乡融合。我国经济社会发展水平显著提升，社会主要矛盾也出现改变，在这样的发展背景下，乡村振兴既是未来我国农村发展战略性的规划、未来农业发展的重要任务，也是解决农村发展不平衡、不充分问题的重要手段，是农民实现美好生活、农村更好更快发展的重要途径[3]。

2 乡村振兴对农村产业融合的要求

乡村振兴的总体要求是经济相对发达、生态宜居、农村文明、有效治理、生活富裕，建立和完善城乡一体化发展机制，推进农业和农村现代化。产业兴旺是实施乡村振兴战略的首要任务，也是解决我国经济社会问题的关键。我国乡村产业发展面临着农业发展水平低、基本要素供给不足、产业结构单一和农业与二、三产业融合度低的现实困境。这些难题都需要在现实的生产经营过程中，通过农业与二、三产业的深度融合来解决。乡村振兴中提出生活富裕的要求，便是想让农民收入水平大幅度提高，经济宽裕，衣食无忧，城乡区域发展差距和居民生活水平差距缩小。那么农村产业融合发展推动农业生产，进而增加交易渠道，便成了增加农民收入的重要渠道。

3 农村产业融合发展现状

3.1 延伸产业链多样

产业链延伸主要依托当地的农业资源和特色产品进行产业链拓展和延伸，如开发利用特色农产品，从最初的生产，拓展为加工、销售为一体的产业链。通过特色的养殖业发展其他产业，例如，大棚草莓种植基地发展草莓深加工，猪养殖与水果种植相结合等产业发展。农业产业链的拓展，强调以农业为中心，纵向提升各生产环节的可以发展的空间。其中充分利用了当地的生态资源，开展多样合理的产业融合来提高农产品附加值。

3.2 科技渗透融合

技术渗透培育了现代农业生产新模式，通过利用互联网、物联网、市场大数据分析等现代信息技术与农业科技融合。目前利用互联网平台，进行农产品科学智能化生产与管理，实现最大程度降低成本，增加产业价值。利用现代生物、工程技术和农业设施，针对蔬菜种植、畜禽养殖等领域扶持推进智慧农业发展，实现农产品线上线下交易与农业信息深度融合。利用电子商务进行农产品的供应商与需求商交易，有效降低物流成本。

3.3 休闲旅游的兴盛

随着时代的进步，旅游资源越来越受人关注，农业资源在旅游中得到利用与放大。此外为适应农业发展转型升级的需求，对农业多方位的认识也在提高，同时为了满足人们更高层次的需求，乡村旅游开始逐渐发展起来。乡村旅游是结合农业与旅游业的一种新业态。农业提供良好的村容村貌、清新的田园风光、淳朴的村民风貌、传统的农耕文化等资源，然后旅游业依靠这些农业资源来提供更加多样化的旅游活动。农村第二产业也支撑着乡村旅游业发展，依托当地资源，深加工初级农产品，生产优质农产品，打造农产品品牌，开发乡村旅游新产品，并借助第三产业进行宣传、销售，逐渐形成农产品生产、农产品加工、农产品销售的服务，助推乡村旅游业更好地发展。

4 农村产业融合发展存在的问题

4.1 人才严重匮乏

农村产业融合发展最终需要人才来支撑，而在农村，素质较高的青壮年劳动力大多流向城市。农户大多受教育程度较低，理念相对陈旧，互联网理念淡薄以及对电子商务等新兴技术缺乏了解，在生产、管理中仍以传统方式为主。涉及农业企业也普遍缺乏人才，尤其缺乏既懂农业又精通先进技术、熟悉网络技术工作的高精尖人才。

4.2 产业经营主体带动能力弱

新农业运管主体实力不一样，技能强大带动技能稍薄弱的组织会更少，而且自我发展能力有待加强。尽管出现了家庭农场、农民专业合作社和龙头企业，但仍然存在差距。他们大多从事农业和水产养殖，分散经营规模越来越小，质量越来越低，要素和资源整合程度低，风险复原力差，参与一体化的能力较低。

4.3 缺乏资金的支持

农业自身融资面临着投资大、周期长、风险高、还款能力差等弱点，农村农业金融信贷活动水平较低，农民贷款企业投入、收入比相对较低，最重要的一点还是农民传统思想观念的影响，缺乏主动融资的理念。所以财政支持农村产业整合仍是一个短板，制约了农村经营者的经营和扩张。

4.4 涉农公共设施服务供给不足

农村基础设施建设和公共服务平台建设滞后，制约了农村产业融合的广度和深度。一方面，农村水、电、路、通信设施相对落后。另一方面，农村信息化水平相对落后，缺乏综合信息服务平台，农业公共信息资源不能跨部门、跨地区互联，跨行业互通、互享。

5 解决农村产业融合发展的对策

5.1 创新人才引进、培育机制

农村产业融合发展关键在人才的引进与培养。农村应继续引导、扶持在外优秀人才返乡创业或提供智力支持。在引进人才的同时，也需要加强技能人才培育，可以利用技能培训等方式，与学校展开合作，鼓励校企通过基地建设、企业参与教学等方式，培育一批农业高技能人才。另外就是抓好新型农民培育，搭建讲座平台，邀请优秀、有经验的农民传授农业生产经营技术，加大农民培训规模；开展书籍阅读，让农民通过互联网实时学习掌握相关知识技能；开展对各类涉农人员的创业就业能力培训。

5.2 培养壮大农村产业融合主体

农村各地的政府都应高度重视农村产业融合，建设相关督促部门，引导农村产业融合发展。全面推进农民合作社和家庭农场融合发展，积极打造农村产业融合龙头企业，重新构造农村供销合作社综合服务机制，引进社会资本全产业链投入运营。通过多样形式支持引导龙头企业、基地、合作社和农户之间合作，带动产业主体的协商与交流。

5.3 完善金融服务体系

一是构建农村产业一体化平台，高效的信息服务有利于加快农村产业融合和农村发展，促进信息与农业技术服务深度融合，实现农村信息服务。二是统筹安排涉农资金的投入，加大金融力度支持。三是积极推进农村资金运用移动支付和互联网支付，通过信贷、租赁、股权、债券等多种活动，加快建立综合投资金融服务体系。四是多鼓励社会资本参与，建立多元化的农村融资局面，促进农村产业融合发展。

5.4 完善基础设施等公共配套服务

首先，完善农村基础设施，促进交通物流、水利、能源、信息等重大工程建设。加强农田水利建设，坚持把保护农用地水利作为农村产业发展的重要基础，加快交通基础设施建设，确保道路质量，实现通车；推进农产品仓储、物流、销售等设施建设。其次，提供优质涉农公共服务，建立农村产业融合的综合服务平台。加速农村信息化建设，促进互联网和宽带进农村、进景区，及时提供优质信息化服务。加快建设农产品营销网络、交易平台等，为农业产业提供链条延伸、功能拓展、先进技术渗透等多样方式的快捷服务。

6 具体分析范例

根据上述分析，产业融合是一个复杂的工程，需要每一步的积极配合。重庆市綦江区花坝村的产业融合实践，为我们提供了这方面的典范。

重庆市綦江区花坝村于 2018 年成为脱贫攻坚重点村，从此花坝村便走上乡村振兴的道路，在第一书记的带领下有序开展乡村建设，重新对花坝村进行规划，立足本村所处优势，加快第一产业与二、三产业融合发展，经过两年的不懈努力，花坝村 2020 年成为重庆美丽宜居乡村，"一村一品"示范村。

花坝村占地面积 4.2 平方千米，且人口少，适合种植农作物。花坝村凭借优势和对乡村的整体规划，先后引进 5 名优质的业主，发展特色种植 400 余亩，种植角花高粱莲藕、"李葡桃"、奶油西瓜、草莓、樱桃、生态大米等，打造特色农业。特色农业的建立是为满足该村经济发展的基础需要，发展旅游等第三产业作为延伸，促进农村产业的发展。花坝村具备离綦江主城区极近的地理优势，直线距离仅 3 千米，便于主城区的来往，人流量有保障，有发展旅游等项目的优势。该村以其本身特有的自然景观特色，与民风民俗等结合并融为一体，为该村打造特色"农家乐"的旅游提供支撑，促进经济的发展。

花坝村拥有綦江区最大的草莓基地，且种植品种多样，该村以此为基础搭建体验式休闲区域，进行采摘项目，其面向的主要顾客为綦江区主城区的居民，对此也希望增加宣传，扩大受众，面向重庆各地乃至全国。草莓基地周边为游客规划观光游览的主要路线，设置指路设施，最大限度满足游客的需求，照顾游客的体验。同时还设置农家乐饭馆为前往的游客提供食物，设施逐步完善，为旅游带来了便捷，助推乡村旅游业与农业的有机结合，既带动农业种植活力，又促进经济发展，实现双利的丰收。

花坝村人口基数小，很难自我消化生产的产品，即经常出现村户滞销的"土货"，这也是很多乡村存在的难点。为解决这一问题，花坝村构建电商平台和农产品之间的连接渠道，利用新媒体搭建平台，实现线上销售，节省了许多成本，促进当地经济的再生发展。该村还打造"长凼河边"公众号，以此助推宣传，与顾客建立沟通，做长久的文化输出，使知名度扩大。这种产业密切的融合让花坝村在乡村振兴道路上向前迈进一大步。

花坝村进行水果、蔬菜、水稻等作物种植，以经营果林为发展基准，是一种采摘、休闲、饮食相结合的模式，多方位地发展农村产业，自身特色并与其他产业相融合，实现农业高效发展。花坝村除了发展经济，还力求可持续性发展，栽种绿化树，改善乡村环境，力争将自身建设成为四季有果、四季有花的"城市后花园"。

7 总结

本文分析了农村产业融合与乡村振兴的内涵、乡村振兴对农村产业融合的要求、农村产业融合发展现状、农村产业融合发展存在的问题、解决农村产业融合发展的对策等。同时对农村产业的发展进行路径分析，提出措施。当然，这只是对乡村振兴战略背景下我国农村产业融合发展问题进行初步探索，我国农村产业融合发展的道路还很漫长，仍须更深刻地研究。

参考文献

[1] 王杰. 辽宁港口整合的思路与对策：国内外港口整合实证分析[J]. 辽宁经济，2009（3）：32-33.

[2] 邱天朝. 让农村产业融合成为带动农民增收的新动能[J]. 中国经贸导刊，2016（23）：16-20.

[3] 李佳伟. 乡村振兴战略背景下福建农村产业融合发展研究[D]. 厦门：集美大学，2020.

浅谈乡村振兴下的农村产业结构的优化升级

赵俊杰

（重庆移通学院远景学院，重庆 合川 401520）

摘　要：乡村振兴战略是习近平同志2017年10月18日在党的十九大报告中提出的战略。十九大报告指出，农业农村农民问题是关系国计民生的根本性问题，必须始终把解决好"三农"问题作为全党工作的重中之重，实施乡村振兴战略。推动乡村振兴战略，推进农业供给侧结构性改革，聚焦结构调整、优化供给、绿色发展、主体培育、改革创新，农业农村经济取得了长足的发展。但与农业发达地区相比，各地在推进农村城镇化、农民组织产业化、农业产业化方面尚存在一定的差距，调整和优化农业产业结构，培育和延伸农业产业链，仍然是当前亟待补齐的发展短板。

关键字：乡村振兴；农业 发展；产业结构优化升级

Analysis on the Optimization and Upgrading of Rural Industrial Structure under Rural Revitalization

Zhao Junjie

(Prospect College, Chongqing College of Mobile Communication, Hechuan, Chongqing, 401520)

Abstract: The rural revitalization strategy is a strategy proposed by Comrade Xi Jinping in his report to the 19th CPC National Congress on October 18, 2017. The report to the 19th National Congress points out that issues concerning agriculture, rural areas and farmers are fundamental to the national economy and people's livelihood. We must always make solving problems related to agriculture, rural areas and farmers a top priority in the work of the whole Party and implement the strategy of rural revitalization. To promote the rural revitalization strategy, promote the structural reform of the agricultural supply side, focus on structural adjustment, supply optimization, green development, main body cultivation, reform and innovation, agricultural and rural economy has made considerable progress. However, compared with the agricultural developed areas, there are still some gaps in the promotion of rural urbanization, the industrialization of farmers' organizations and the industrialization of agriculture. Adjusting and optimizing the agricultural industrial structure and cultivating and extending the agricultural industry chain are still the development shortboards that need to be remedied at present.

Key words: Rural revitalization; Agricultural development; Industrial structure optimization and upgrading

1 导言

乡村振兴战略是习近平同志2017年10月18日在党的十九大报告中提出的战略。十九大报告指出，农业农村农民问题是关系国计民生的根本性问题，必须始终把解决好"三农"问题作为全党工作的重中之重，实施乡村振兴战略。要实施乡村振兴战略，强调坚持农业农村优先发展。2018年中央一号文件对坚持农业农村优先发展提出了原则要求，2019年中央一号文件做出了系统全面部署，具体化了坚持农业农村优先发展的政策安排。根据上述文件，"乡村振兴战略"是一项全面的系统工程，是我国农村和农业发展的顶层设计，描绘了乡村建设的未来蓝图，其中最为重要的内容之一是推动乡村经济结构优化升级，产业持续、健康地发展。

2 乡村振兴战略的内涵分析

2.1 "乡村振兴"的三大标志

乡村振兴战略中明确指出全面振兴农村的三大标志，也就是：让农业成为有奔头的产业，让农民成为有吸引力的职业，让农村成为安居乐业的美丽家园。这三者正对应着我国亟需解决的"三农"问题，其中发展农村经济业已成为乡村振兴的基础。

2.2 "乡村振兴"的五大要求

乡村振兴战略为实现农村的发展提出了五大要求，也就是：以产业兴旺为重点提升农业发展质量，培育乡村发展新动能；以生活富裕为根本，提高农村民生保障水平，塑造美丽乡村新风貌；以生态宜居为关键，推进乡村绿色发展，打造人与自然和谐共生发展新格局；以乡风文明为保障，繁荣兴盛农村文化，焕发乡风文明新气象；以治理有效为基础，加强农村基层基础工作，构建乡村治理新体系。其中，前三者直接关系到农业经济的发展速度和水平，而后两者亦是以农业经济的发展为根基的。

2.3 "乡村振兴"所禁止的行为

乡村振兴战略中还出现了"禁止""不得"等一系列词汇，这不仅反映了党中央做好"三农"工作的坚定决心，也直接提出了任何组织和个人都不得触及的红线，其中很多都与乡村旅游经济产业的发展密切相关。例如，乡村振兴战略中明确提出了"严格禁止下乡利用农村宅基地建设别墅大院和私人会馆"。从表面而言，上述禁止性的行为与过去我国政府的政策一脉相承，但从深层次分析，乡村振兴战略中的规定包含了乡村旅游经济产业健康发展的必然要求，它不仅反映了生态环境保护的需要，同时亦是实现乡村旅游经济产业发展的重要保障性举措。乡村振兴战略禁止各地利用农村宅基地建设别墅和私人会馆，这不仅是我们党全面从严治党和廉政建设的要求，同时亦是调整乡村旅游经济产业结构、确保农村经济健康发展的现实需求。使用农村宅基地建设楼堂馆所，表面上给农村带来短期的经济效益，但从长远来看十分不利于农业经济结构的优化，不利于实现乡村旅游经济产业的可持续发展。在乡村振兴战略的整体布局中，要求实现乡村旅游经济产业结构的调整和转型，使得乡村旅游发展与乡村振兴的其他方面紧密结合在一起，彼此促进。

3 当下乡村产业发展中存在的问题

3.1 产业规模小、层次低

由于历史、自然等多种原因，农村经济发展落后，一、二、三产规模都很小，在比例方面，除第一产业占比较高外，二、三产业占比较低。第一产业生产方式粗放，农产品加工率低，附加值低，特色优势不明显；第二产业初级产品比重大，产品附加值低，知名品牌少，人均耕地资源少。第三产业传统服务业比重大，服务企业规模小，生产性服务业发展不足，生活性服务业层次不高。龙头型和产业关联度大的企业少，没有形成优势产业集群，企业竞争力不强。

3.2 产业发展的要求高、压力大

我国农村地区贫困人口多、贫困程度深。2017年，我国农村居民人均可支配收入13 432元，城镇居民人均可支配收入36 396元，差距明显。[1]缩小差距、实现同步小康目标的根本措施在产业发展，按照目标倒推，要实现小康目标，一方面要保持高于全区平均水平的增长，另一方面要减少人口，要求高、压力大，同时资源分配不均，地少人多。

3.3 资源制约明显，发展产业的成本高

我国农村地区贫困人口占全国贫困人口的90%以上，且农村地区人力资源贫乏，教育特别是职业教育和高等教育落后，科学技术领域投入不足，劳动力素质偏低，缺乏高层次人才，区域创新能力不强，再加上就业环境恶劣、人才引进机制不健全、引人留人非常困难，导致全社会技术水平不高，

产业发展缺乏人才支撑和持续的创新动力，难以发展技术密集型产业。[2]同时，人口资源承载压力大。资源开发成本、投资建设成本、生产经营成本比其他地方高，电价、水价比较高，发展产业成本大，市场竞争力弱。

3.4 区域产业同质化发展严重

农村地区二、三产业发展往往过于依赖当地农业优势产业，导致同类企业竞争环境较为激烈，而且大多集中在初加工和传统服务业，而一些新型产业布局与定位特色不明显，产业关联度不高，低水平重复建设，同质竞争严重。

3.5 基础设施落后

经济发展水平较低，地方财政收入较少，社会固定资产投资不足，再加上沟壑纵横的山地地形，使得农村地区基础设施建设仍比较落后。比如，交通依然呈现"慢火车、烂公路"的特点，火车却耗时长、公路等级较低。落后的基础设施严重影响了人流物流的流动，成为农村地区产业发展最大的制约因素。

4 优化升级乡村旅游经济产业的重要意义

从经济学的角度而言，乡村振兴环境下优化升级乡村旅游经济具有以下重要的现实价值。

4.1 优化农村产业结构的必然要求

当前，我国很多乡村地区尚未从根本上化解经济和产业结构不合理的问题。不少地区仍然以劳动密集型和低附加值的产业为主，产业的低水平和同质化竞争十分严重，发展缺乏后劲。

在少数贫困地区，我们甚至可以看到，农业现代化仍远未实现，小农经营模式仍然是农业生产的主要模式。与城市相比，农村社会的文明程度不高，农村居民收入较低。而且，随着人口向城市的迁移，一些农村地区出现了劳动人口不足的现象，大批的青壮年劳动力到城镇打工，造成本地农业经济缺乏发展潜力。而且，由于不重视生态保护，不少地区在经济发展过程中付出了较大代价，如森林面积持续下降、生态环境恶化。这些现象都反映出目前我国农村经济发展中的结构性问题较为严重，应当及时对产业结构进行调整。在乡村振兴战略实施过程中，优化升级乡村旅游经济产业，对调整农村经济产业结构具有关键性的作用。在乡村振兴战略的整体布局中，发展乡村旅游业是促进农村全面振兴的基本前提和重要内容。借助旅游业的升级，不但能够提升农村经济发展的潜力，同时还可以为农业经济和其他方面如文化、社会治理等的协调发展创造契机，从而实现真正意义上的乡村振兴。

4.2 解决乡村经济发展后劲不足问题

尽管我国一些农村地区大力发展各类农村经济，但农村经济与城市经济以及社会文化发展缺乏关联度，仍处于一种自给自足的发展阶段，而且不同地区的发展方式具有趋同性，产业附加值不高。农业经营主体缺乏强有力的市场竞争力，如果遇到外部资本进入同一领域，就较易在激烈的竞争中处于不利地位。乡村振兴战略可以说是一项全面系统的工程，涉及农村、农业、农民的方方面面。乡村旅游经济产业发展是乡村振兴的重要内容，随着乡村振兴战略的实施，农村发展的其他方面与乡村旅游经济产业能够实现有机结合、彼此促进，不但能够为农村经济的发展创造良好的外部环境，而且有助于乡村旅游经济产业的改革和创新。

5 农村产业优化升级的对策

古南街道花坝村位于綦江区北部，距綦江城区3公里，辖区面积4.2平方公里，辖9个村民小组，1064户，总人口2403人。这里自然资源丰富、历史底蕴浓厚。

近年来，该村先后获得了重庆市"一村一品"示范村、重庆市美丽宜居乡村、重庆市休闲农业和乡村旅游示范村、綦江区最美村居、綦江区十佳村级集体经济组织等荣誉。

5.1 做现代生态农业

注重生产端和市场端，提高农产品质量。从加工端、市场端发力，农业政策应从增产导向转向提质导向，举龙头、育主体、拓市场，力促"1+4"特色农业提质增效。重点抓龙头企业培育和招商企业落地，全力推进各个农业招商企业的项目建设。

大力培育农业新型经营主体，集中精力发展农业合作社、家庭农场、种养大户等农业生产模式，创新完善"公司+合作社+基地+农户"模式，推进土地入股、土地流转、土地托管等多种形式的规模经营。

强化农业技术创新与引进，强化新产品、新技术，引进研发功能，大力引进科技创新团队以及高新技术企业落地，打造特色农业的创新高地。

花坝村引导现有业主不断优化种植结构，积极帮助业主消除疫情和灾情影响。2020年以来"李葡桃"、奶油西瓜、草莓、樱桃、生态大米等特色产业均未受较大影响。先后引进5名优质业主，发展特色种植400余亩。培育本村种养大户建设年存栏1400头的标准"四化"养猪场1个，发展蜂园4个，培育林下养鸡大户2户、清水鱼养殖5户。

5.2 做强生态友好型工业

①大力发展新兴产业。一直以来，农村地区依靠当地优势农业产业进行工业发展，导致创新力度不足。因此，应利用农村地区自身丰富的劳动力资源优势，加快建设生态产业链，形成集群化优势。

②促进民营经济的发展。实施"民营经济提升"计划，落实政策，降低成本，创新环境，加快培育创新型、创业型、劳动密集型民营企业，引导民营企业"联强靠大"延伸项目，补齐链条，形成"百家成长、千家培育"新局面。

③促进产业园区的转型升级。强化园区产业链集聚、招商引资、科技创新功能，打造低成本园区，淘汰产能落后、高污染企业，清理"僵尸企业"，盘活资源，引优项目，转型发展。积极探索民营企业创办工业园区的

新路子[3]。

花坝村以服务出力。以农业公司为主体，将消费扶贫与壮大集体经济有机结合，搭建多元化电商平台。疫情期间组织志愿者开展"齐心战疫、送菜到家"活动，帮助村民卖出滞销农产品 3000 余斤。通过"菜坝网""红蚂蚁"、微店等帮助贫困户、村民、业主销售农产品，签订认购协议 278 万元；以劳务公司为主体，承建小型基础设施建设，为业主和闲散劳动力搭建用工平台，有效降低业主用工成本的同时，带动村民就近务工 1821 人，累计收入 149 万元，纯利润 14 万元。

5.3 做活现代服务业

①实施"消费回流"计划，要坚持一手抓生产性服务业补发展短板，发挥消费和服务业对经济增长的拉动作用，以培育商业新业态和新模式为重点，打造大型物流实体、商业综合体、精品街区、特色夜市、民俗村落，构建现代商圈。积极培育中高档消费市场，促进传统商贸物流业转型升级，让农村人把钱花在农村。花坝村通过发展旅游观光农业，引进业主，推动农业现代化建设，实现产业结构优化升级。

②加大优势产业劳动力的培训、输出。农村地区由于长期以来的消息闭塞、观念滞后，劳动力局限于低收入的重体力劳动。因此，应当实施劳动力素质提升工程，提出要实现"10 万人拿证"。加大对特色优势行业的培训指导、就业扶持、品牌打造等方面的关注支持，从而促进劳动力高质量就业，带动家乡经济。

5.4 强化企业创新能力

落实农村企业科技创新主体地位，完善企业科技创新后补助机制，支持围绕工业"四大产业"加快高新技术研发和成果转化，支持各类企业来农村地区建立研发中心和重点实验室[4]。健全"五大农业特色优势产业带"科技服务体系，加快国家农业示范园、科技示范园、大学生创业园等平台建设，鼓励科技人员领办创办实体和开展有偿服务，鼓励支持企业、高校、科研单位等开展技术协同创新联盟。建立财政科技投入稳定增长机制，奖励支持企业申报专利、创建品牌和开展标准化技术。

5.5 加快产业要素集聚，强化区域规划，加强产业集聚作用

①加强农村体系规划，要根据当地实际情况、自身优势建立良好的产业体系规划，各地之间应加强交流合作，最大限度地利用产业集聚效应，为解决共建、共享等问题提供坚实的保障[5]。

②建立和完善区域产业协调机制，为了缓解劳动力成本提高、资源紧张、产业结构同质化严重等问题，应从产业结构和功能性分工上适度调整。根据当地的条件，寻找可以相互配合的产业，提高现代化产业水平，优化产业布局，建立具有当地特征的产业链，而低能级的行业将逐步向农村地区流动。

6 结语

由于产业规模小、层次低，产业发展的要求高、压力大、资源制约明显，发展产业的成本高以及区域产业同质化比较严重等问题，目前的农村地区特色农业、工业和建筑业、服务业发展状况处于较低水平。对此，需要发展现代生态农业，同时做强生态友好型工业，做活现代服务业，并强化企业创新能力，加快产业要素集聚。

参考文献

[1]王兴国. 推进农村一二三产业融合发展的思路与政策研究[J]. 东岳论丛，2016，37（2）：30-37.

[2]龙强. 基于精准扶贫背景的农村产业优化升级策略研究：以玉林市平浪村为例[J]. 中国市场，2016，（42）：54-55.

[3]李怡珂. 河南省产业结构优化升级和产业竞争力研究[J]. 市场论坛，2016

（11）：28-31.

[4]徐仙英．中国产业结构优化升级研究[D]．杭州：杭州电子科技大学，2017.

[5]刘惠．创新驱动产业结构升级的作用机制分析[D]．兰州：兰州财经大学，2017.

经营理念与经营手段对城乡发展的影响
——以重庆綦江区古南街道花坝村为例

赵罗亚

（重庆移通学院数字经济与信息管理学院，重庆 合川 401520）

摘 要：在乡村振兴的过程中出现了大量依靠城市中交通轨道发展的新老农村，利用交通便利的优势和交通行业附加的广告效应和宣传效应为宣传和振兴乡村提供了新的动力和方式；同时，现代经营理念和方式也在影响着乡村的发展，运用商业经营将乡村振兴落实到位，真正实现乡村振兴，使农民脱贫致富成为现今发展乡村的主要问题。本文遵循经验研究路径，将重庆綦江花坝村和陕西杨凌新集村进行对比，通过研究花坝村发展与陕西杨凌新集村的发展，集中呈现交通发展、经营战略对该村的发展影响。近几年在政府的支持和资助下，该村在房屋改造和村民生活质量方面，以及环境卫生、经济发展方面都取得了优异的成绩。但其独特的地理位置和与城区的距离成了花坝村发展路上的一把双刃剑，对花坝村有着较为重要的影响。本文还分析綦江城区与花坝村发展之间的商业和经营关系的关联，分析花坝村与陕西杨凌新集村的对外经营手段的优势和欠缺之处。

关键词：经营战略；交通系统；商贸发展；乡村振兴的新理念

The Influence of Business Philosophy and Management Means on Urban and Rural Development
— Take Gunan Street, Huaba Village, Qijiang District, Chongqing as an Example

Zhao Luoya

(College of Digital Economy and Information Management, Chongqing College of Mobile Communication, Hechuan, Chongqing, 401520)

Abstract: In the process of rural revitalization, there have been a large number of new and old rural areas that rely on the development of urban transportation tracks, and the advantages of transportation convenience and the additional advertising effects and publicity effects of the transportation industry have provided new impetus and way for the promotion and revitalization of the countryside. At the same time, modern business philosophy and way are also affecting the development of rural areas, how to use commercial management to put rural revitalization into place, and truly realize rural revitalization so that farmers get rich out of poverty has become the main problem of rural development. This paper follows the path of empirical research, compares the village of Chongqing's Lujiang Huaba and The New Village of Yangling in Shaanxi Province as examples, and focuses on the development impact of traffic development on the village by studying the development of Huaba Village and the development of Yangling New Set Village in Shaanxi Province. In recent years, with the support and support of the government, the village has made excellent achievements in space transformation and improving the quality of life of villagers, environmental health and economic development. But its unique geographical location and distance from the main city has become a double-edged sword in the development of Huaba Village, which has a more important impact on Huaba Village, and analyzes the connection and association between the commercial and business relations between the development of Huaba Village and Huaba Village, analyzes the advantages of Huaba Village and Shaanxi Yangling Xinji Village's external business means and fails to do better and under-improved.

Keywords: Business strategy; Transport systems; Business development; A new concept of rural revitalization

1 引言

自改革开放以来，乡村振兴有了更多的方式和新理念。在发展乡村的过程中，经营战略在不断地更新改进。随着乡村振兴计划的提出和外国先进经营方式的传入，乡村的发展有了新的方向。自古以来，交通一直是一个城市和地区的血管和命脉，对一个地区经济的持续发展有着莫大的关系。由于生产力的发展和城市进一步扩张，交通成为城市连接乡村的主要方式，同时也对现代乡村发展具有重要意义。它是乡村和城市经济发展的通道。交通工具的信息化蕴含着现代经营战略，如何高效利用先进的经营手段，将外界对乡村的扶持和资助与乡村的特色产业和独特之处宣传出去，推广向全市、全国，吸引更多的流量和机会，成了新的问题。因而，怎样利用先进的经营战略和经营方式去创造更多的机会和提高村民的生活、落实乡村振兴、解决贫困乡村的问题，成为本文的论题。綦江区隶属于重庆市，位于重庆市南部，地处四川盆地东南与云贵高原接合部。綦江区东连南川区，南接贵州省遵义市习水县、桐梓县，西临江津区，北靠巴南区，辖区面积2747.8平方公里。至2017年，綦江区常住人口为82.55万人；辖7个街道、24个镇（截至2019年底），共365个行政村、90个社区。2015年11月，被列为第二批国家新型城镇化综合试点地区。古南街道花坝村位于綦江区北部，距綦江城区3公里，辖区面积4.2平方公里，辖9个村民小组，1064户，总人口为2403人。其中党员73人。花坝村自然资源丰富、历史底蕴浓厚，既有乾隆古桥、百年老学堂等多处历史古迹，也有"官帽山"下成片的梯田景观，更有四季瓜果飘香，美景如画。近几年来，花坝村政府支持投资约 200 万，是重点扶贫试点地区。新集村隶属于陕西省咸阳市杨凌区揉谷镇，位于杨凌示范区西约 10 公里，西邻宝鸡市降帐镇 1 公里，毗连陇海铁路、西宝高速公路、西宝中线，交通便利，主要以葡萄种植及育苗为基本产业。全村 10 个村民小组，852 户，3523 人，该村总面积约 3.5 平方公里，耕地面积约 2993 亩，粮食种植面积约 673 亩，多种经营 2320 亩（葡萄园 640 亩，葡萄育苗 1600 亩，其他果树及育苗 80 亩）。[2]

2 花坝村发展状况与新集村对比

2.1 花坝村的发展与外部交通的影响和联系

在考察花坝村的经营现状时发现：

下公交车后，发现无公交路站台和表示公交站台的标志物，公共基础设施在花坝村尚不完善，公交系统建筑较欠缺。

即使下了公交车后人仍需要走相当长的时间，虽修好柏油马路，但却缺少可以直达村内的客车或公交车，使前来游玩的游客"望路却止"，失去了吸引更多游客前来游玩的机会，如果配置更完整的交通设施可以带来更大的客流量和商机。

缺少足够的地名标志和提醒，在无导游和村民引领的情况下很难进入花坝村，降低游客观光体验好感度。这些交通不便严重影响了花坝村的发展和旅游业发展。因花坝村离綦江城区的距离并不远，且有一条公路相通，这有利发展，但却无法更好地利用这一优势。在城区的交通系统中，也存在着缺少公交站牌的现象，本身蕴含着商业价值未被开发利用，可以大力宣传和推广花坝村的特色农家乐和草莓等特色产品。如想发展第三产业，应利用公交上的广告位和车身等发掘商业价值，宣传本地特色景点和游玩设施，使人们有目的、有意识地去认识和前往景点，从而增加景点的人气和受欢迎度。

2.2 花坝村内部发展状况和现经营情况

我们在进入村后有了以下发现：

村内道路崎岖，村内的居民住宅都较分散，以村委会为中心的村落辐射范围有限，村民日常交流或参加村委会活动都需要花费大量时间，无法高效及时地聚集村民。

在较长的村间道路上罕有旅客和行人，从中可发现村里宣传部门在对外宣传和推广知名度等方面尚有不足，使外界对花坝村的了解过少，未能激发潜在的旅游价值。

村内在"最后一公里"的问题中，缺陷十分明显，虽然通往外界的路已经修好，却缺少足够的吸引力去吸引外地人，进村需要花费太多的时间和精力，缺少指引的标志和专业人员，也无专门的观光车和摆渡车接送游客，为进村旅游造成了一定难度，致使除本地人外，外地人进村旅游观光有较大难度，对外地人较不友好也是制约该村旅游服务业发展的重要因素之一。

农家乐经营方面缺少较专业的指导商业运营模式。村内农家乐交通不便，在运输食物时，需要专门去城里购买，用餐需要预约，否则便提供不了饭菜，村民即便自己出村也需要一定的时间，上下山来回走路需要一两个小时，即使开车也需要一个小时，非常困难和不便。所以修路并没有彻底解决村民的交通问题。

下山更是需要走山间小路，因长久失修青苔长满了台阶，夜间更是无路灯和指引之物，具有一定的安全隐患，易引发游客的担心。

2.3 花坝村与新集村对比

陕西新集村是近几年在乡村振兴战略中新发展起来的乡村和模范村，过去那里的农民面朝黄土背朝天，以种地为生，但实施了一系列科学经营战略，加上政府的鼎力支持，现在已完全改变了原先面貌。

新集村位于杨凌农业高新技术产业示范区，简称杨凌区或杨凌示范区，位于陕西关中平原中部，东西长约16公里，南北宽约7公里，总面积135平方公里，城市规划区35平方公里，是中国第一个农业高新技术产业示范区，而新集村依靠杨凌区得到了政府的鼎力支持和政策的福利，为振兴新型乡村提供了良好条件。

对比：

在交通和地理方面，新集村和花坝村都有着相似之处。

新集村靠近杨凌城区，开车约有分钟车程，靠近连霍高速和陇海线高铁，较西安城区和咸阳城区有较远距离；花坝村较靠近重庆綦江区，靠近海防线铁路和三环高速。两者情况都较便利快捷，适合外来游客的进入和产品的运输、销售。

新集村利用新集的地域优势，发动村民种植葡萄，充分利用新集村地势多平原、光照充沛、昼夜温差大、适合葡萄生长发育的特点，大力发展葡萄种植业，在2010年仅葡萄产业一项，村子年收入4000多万元，人均收入2万元。花坝村主要产品草莓可以借鉴新集村的成功经验，发挥花坝村种植草莓的优势开发荒地和山林，扩大种植规模，形成更加专业的种植系统，同时已形成了特色品牌优势和地方特色，为进一步走向全国提供了强大的保障和助力。

新集村在相关部门组织下，借助西北农林科技大学的科教资源优势，村里在农闲时节经常组织村民开展葡萄种植技术培训。邀请了专业的科研人员和专家进行科学系统的指导和援助，提高了种植的科学性和专业性，为提高葡萄产量和质量提供了科学帮助和技术保障，同时也为村里培养葡萄管理技术人才。村民可以自己运用专业知识去管理产品，既学习了先进的管理技术和方法，也激发了村民们生产的积极性和主动性，使邻里之间可以互相帮助支持，促进村内的人际关系更加亲密以及村内经济的持续发展，更有村民成为专业的农林专家，走向全国各地，输出种植经验和方法，在服务自身的同时帮助其他的村子摆脱贫困。同样花坝村可以引进重庆的高端农业人才或引进外省的专业人才进村进行种植规划和专业指导，为村内规划未来种植业经营战略和方向，组织村民学习专业知识和职业技能，使之拥有自行解决专业问题的能力，使草莓种植的规模和质量有质的提高。

新集村在拥有了特色产品和地方影响力之后，依托地理优势和品牌优势，着力打造集观光旅游、休闲采摘、文化娱乐、餐饮消费等为一体的特色乡村旅游发展之路，已连续举办四届"游葡萄小镇 品醉美新集"葡萄采摘节。积极扩大地方影响力和吸引游客旅人进行参观和采摘，既促进了当地的经济发展，也进一步将"新集葡萄"这个品牌传播出去，无形中的宣传便是最成功的营销。积极发展第三产业成了新型农村发展的一个大方向，但发展服务业是需要强劲的农业或工业进行支持的，当地方拥有足够的特色和吸引力时，才能成功促进第三产业的顺利发展，所以花坝村需要先以草莓种植业作为主要发展方向，将草莓产业做大做强后，再利用大量闲置商业资源进行大力宣传。将花坝村草莓的品牌做大，提高知名度，是现阶段花坝村的经营战略和任务之一。

新集村有效利用电商平台和新兴互联网推广葡萄产品，与京东签订合同，凭借京东强大平台影响力和冷链物流系统，将新集葡萄销往全国，成功地实现了新集村一、三产业的融合。网络营销手段也成了振兴乡村的一条快捷便利的道路。但如何将产品在互联网上宣传？最快速的解决方式便是与大平台合作互利共赢，利用大平台的优势将产品推向用户视野，在前期可以起到很好的宣传效果和优势，能使消费者认识和接触到原汁原味的农村产品，增加回购率和好感度，带动更多的购买。而花坝村的电商主要以公众号销售宣传为主，但效果并不明显，且关注人群大部分都是本地人或村民，无法使外地人对其有更多的了解，通过电商销售的产品数量并不可观。应将产品和宣传措施同步进行改进，使电商发挥更大的作用。

3 总结与建议

3.1 总结

花坝村与陕西新集村最大差距之处在于是否有强大的研究机构为本村发展提供科学的发展道路和适合的发展路线，科教机构可以提供相当多的科学建议和方法，同时也可以为大学生提供农业试验的场地，不断改良品种和提高产品质量。所以花坝村应引进一些高校的专业团队和职业技术人员为村庄规划发展路线，采取专业的方案会使乡村振兴更加高效和高质量。在发展好基础种植业后可以与綦江市政府合作开展更具特色的商业活动和丰收节等活动，让綦江草莓成为其标志性的产品和招揽游客的特色产品。但同时也需要依据商业化的发展，不断更新完善交通系统，为游客提供良好的观感体验，以便更进一步扩大影响力。

3.2 建议

完善基础设施。改造部分道路，增设人行道、座椅，增添公交车站牌，吸引商家进行投资并积极宣传特色产业和知名度，为振兴乡村尽一份力。

发挥公共交通作用。把经过此站的各路公交车运行轨迹在电子屏上显示出来，使候车市民一目了然，心中有数。同时增添摆渡车和观光车，方便游客和外地人进村。

利用科学方法和技术，激发村民生产积极性，更好地凝聚村内的人心和力量，从而更好地振兴乡村，改变村庄的面貌，给村民传授科学知识，让村民们享受科技带来的福利和幸福感。

与当地政府紧密合作，进行有效宣传，举办采摘活动或特色旅游等，用来吸引游客参观。

美化村庄内部风景和道路，设立专门接待游客的接待中心用以服务游客，使游客满意并能二次观光。

如何构建产业型现代乡村

——基于綦江区花坝村的调查与思考

周尚清

（重庆移通学院淬炼国际商学院，重庆 合川 401520）

摘 要： "产业兴旺"是乡村振兴的重点，是实现农民增收、农业发展和农村繁荣的基础。习近平总书记强调，乡村振兴，关键是产业要振兴。只有乡村经济发展了，才能富裕农民，繁荣乡村；也只有乡村"产业兴旺"，才能吸引更多外来资源和人才，集聚人气和财气。离开产业支撑，乡村振兴就是空中楼阁。因此，实施乡村振兴，必须系统深入研究"产业兴旺"的主要内容和实现路径。

关键词： 产业兴旺；乡村振兴

How to Construct Modern Industrial Countryside
— Survey and Reflections Based or Huaba Village, Qijiang District

Zhou Shangqing

(The Forge Business School, Chongqing College of Mobile Communication, Hechuan, Chongqing, 401520)

Abstract: "Industry prosperity" is the focus of rural revitalization, and it is the foundation for increasing farmers' income, agricultural development, and rural prosperity. General Secretary Xi Jinping emphasized that the key to rural revitalization is the revitalization of industries. Only when the rural economy develops can the farmers become rich and the village prosperous; and only when the rural "industry is prosperous" can it attract more foreign resources and talents, and gather popularity and wealth. Without industrial support, rural revitalization is a castle in the sky. Therefore, to implement rural revitalization, it is necessary to systematically and deeply study the main content and realization path of "industrial prosperity".

Key Words: Industrial prosperity Rural revitalization

1 引言

产业强则乡村强，乡村强则中国强。习近平总书记曾指出，乡村振兴要靠产业，产业发展要有特色，要走出一条人无我有、科学发展、符合自身实际的道路。全面实施乡村振兴战略的新时代背景下，走中国特色社会主义乡村振兴道路要求我们先要走出一条中国特色乡村产业发展道路。为此，必须充分把握中国乡村产业发展的现状，科学谋划中国乡村产业发展的未来。

2 构建产业型现代乡村的基础

2.1 花坝村的地域条件

古南街道花坝村位于綦江区北部，背靠古剑山，下临綦江河，坐拥绿水青山，自然风光秀丽。距綦江城区3公里，辖面积4.2平方公里，自然资源丰富、历史底蕴浓厚，既有乾隆古桥、百年老学堂等多处历史古迹，也有"官帽山"下成片的梯田景观，更有四季瓜果飘香、美景如画。它的地域条件适合构建产业型现代乡村。

2.2 花坝村的现状

习近平总书记指出："中国要强农业必须强，中国要美农村必须美，中国要富农民必须富。"直到现在，现代化建设最薄弱的环节就是乡村建设。不过，我国已经缩短了城乡建设的差距，大力支持扶贫工作。其中，花坝村已经完成了脱贫。2018年成为脱贫攻坚重点村，在第一书记的带领下开展乡村建设，2020年成为重庆美丽宜居乡村，"一村一品"示范村。

近年来，花坝村先后获得重庆市"一村一品"示范村、重庆市美丽宜居乡村、重庆市休闲农业和乡村旅游示范村、綦江区最美村居、綦江区十佳村级集体经济组织等荣誉，并成为四川美术学院景观雕塑教学研讨实践基地，获得四川美术学院景观雕塑艺术家工作室等荣誉称号。

2.3 花坝村的传统文化

花坝村从地域、历史来说，具有底蕴深厚的传统文化，有着百年老学堂、乾隆古桥等，农民从传统的农耕方式转向依靠现代科技的发展方式。

3 构建产业型现代乡村的要素

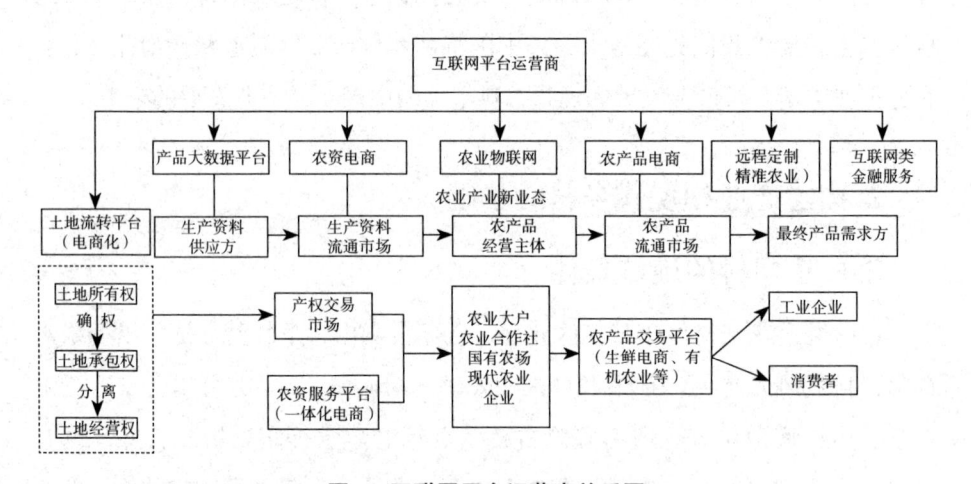

图1 互联网平台运营商关系图

3.1 发展农村电子商务

随着物联网、云计算、移动互联、3S、农业智能装备在农业行业得到逐步应用，粗放型的农产品生产销售模式将得到改进，定制化、个性化、高品质的农产品生产、销售模式将逐渐成为主流，而构建电商平台和农产品之间的连接渠道，是解决贫困户滞销"土货"的最快捷的途径。这可以解决农民有货卖不出的问题，也可增加农民的收入，提高了积极性。

3.2 创立品牌

2020年，花坝村成功注册"长囟河边"商标品牌，并通过微信、微博、抖音等大力宣传，知名度在逐渐扩大并向外界输出。利用电商公共服务平台整合销售特色农产品，仅当年就累计收入116万元，实现村集体纯利润20.25万元。

3.3 发展特色产业

2018年，花坝村引进业主杜强，流转了该村60亩土地发展种植业，种植了20亩奶油西瓜。"李葡桃"果园占地面积105亩，结合地形特征，分片栽种葡萄、桃子、李子等近百个品种5千余棵果树。果树下套种蔬菜，散养黑鸡、灰兔、白鹅等，与果树形成了一个完整的生态链。所以，因地制宜、发展特色产业是十分必要的选择。

3.4 农旅一体化

近年来，花坝村因地制宜，引进、培育优质业主，大力发展鲜果采摘、蜜蜂养殖、水稻种植等特色产业，打造了集瓜果采摘、餐饮民宿、乡村旅游为一体的农旅融合特色项目"鹅囟田园综合体"。目前，该综合体拥有"李葡桃"果园、兴黍果园、花坝村草莓园等四季水果采摘园，切实让村民实现了家门口就业，走出了一条属于自己的致富路。

农旅融合推动发展，将特色产业与旅游业相结合，可以更好地促进乡村发展。首先，需要整治环境，吸引更多的游客，让人心情愉悦。在过去的一年，古南街道开展社区与农村"一对一"结对共建，合力整治农村人居环境。开展村庄清洁行动300余次，三档村无害化卫生厕所改造554户，整治残垣断壁275户，开展旧户提升120户。其次，需要大力宣传，比如农家院，以及其他一些打卡的好地方。

图2 农业产业联合体产业发展路径

4 发展的主要制约因素

4.1 人才问题

花坝村人口基数小，家里的孩子在县城里读书的比较多，同时年轻人在外工作的也占大部分。人才不足，水平参差不齐。从致富能手、外务人员、毕业大学生中，发现优秀的党员带头人，引进博士选调生1名作为驻村工作队骨干成员，选聘大学生2名作为后备人才培养，这确实是增强了队伍战斗力，为整个村的发展提供了很好的人力资源。一些新鲜血液的注入激活了花坝村，但是作用不够明显。

4.2 交通问题

未通客运，进村交通不便。村民有自己的私家车，若是游客前来，需要驾驶自己的私家车，若是有专门的公交车或者大巴车，不仅减少了私家车，保护了环境，还方便了游客。

4.3 旅游业问题

公厕配套还未完善，只是修建了相应的小屋，外面装饰虽完整，但里面的相应设施很少，或者还在完善中。自动化技术并没有运用进去，比如游客上厕所反锁门后是否会听到音乐。娱乐设施是匮乏的，没有专门的、系统的娱乐器械。养猪场的气味处理未解决，会影响游客的身心体验。

4.4 标准生产化程度较低

花坝村种植了角花高粱莲藕、"李葡桃"、奶油西瓜、草莓、樱桃等作物，但是都需要人工采摘，采摘机械化水平十分落后。有时候一些水果作物没来得及采摘就已经腐烂，整体的采摘行业体系不够完整。

4.5 优质品牌不多

尽管水果种类很多，但市场竞争力不高，占有率较低。对于品牌的理解，只是停留在注册的商标上，还没有上升到具体的管理战略层，品牌保护意识较为薄弱。

5 发展的对策思考

5.1 加快培养产业综合人才

人才作为乡村电商产业中的重要主体资源，在培育电商产业过程中具有重要作用，因此政府、企业、学校及相关单位应重点在电商人才培养中做好保障工作，可建立政企校相合作的完整人才体系，学校增设电商相关专业，企业与相关单位提供实习就业岗位，政府提供就业政策支持、资金支持等，多主体共同发力，共同培育乡村电商产业人才。同时，乡村地区村干部、党员及其他管理人员要发挥带头作用，积极组织村中思想进步的村民带头学习电商知识与物流操作技能，聘请社会专业人士到本村进行电商技能培训、计算机培训等，提升村内人员综合素质，加快培育乡村电商产业综合型人才。[1]

人才是产业发展的核心要素之一，也是形成企业竞争力的重要条件。既要注重本土人才的培养，也要有重点地借助外面人才的力量，或直接引进，或开展合作。[2] 要大力引进一批产业人才，最好是有技术和有特长的人才，将村上的能人集中在一起，切实发挥好他们的作用，既要重视有所成就的人才，也要关注潜在的人才；既要重视优秀年轻人才，也要重视各个不同年龄层次的人才，发挥人才整体优势，营造良好的人才发展氛围。

5.2 政府扶持，加大资金投入

常言说："要致富先修路。"现在花坝村的道路已经修好，接下来就需要政府的扶持，虽然说很多人开私家车来旅游，但实际上一部分有节省需求的游客是需要公共交通的。随着乡村振兴的推进，更多的老百姓到邻近地区旅游的意愿愈发强烈，加之花坝村主公路已经拓展为7.5米草油路，所以增设农村客运路线拥有良好的基础。希望政府能够扶持，增加一部分资金投入，减缓村委会的压力。

5.3 积极引进新技术，提高产品质量

乡村振兴战略下，农业农村现代化在2025年将取得重要进展，需要强化现代农业科技的支撑作用。[3] 整合各类致富人才、专业化种植人才、农业生产人才，并引领他们进入基层进行工作指导，为广大种植人员提供更多的农业绿色技术咨询服务，切实落实各项产业示范引领工作、技术指导工作等。增强集体合作农业种植模式，建立农村合作社、专业种植大户等农业主体，促进集体经济发展的规模。全面建设成党支部、农业合作组织和农户相互结合发展的模式，通过建立农村合作社来筹集更多的资金以满足农业生产发展的需求，逐步扩大市场发展的空间。同时实现扩大集体经济发展规模、农民增产增收的目标。[4]

5.4 开发挖掘农产品的情感价值

随着人们消费水平的不断提高，大多数人追求的不仅仅是物质，更多的需求是情感。而地理标志农产品品牌可以契合当下流行的"乡愁"经济，融入"乡愁"情感，或者融入"向往的生活""回归简单"等情感附加价值，可以深入挖掘产地自然生态特色、历史人文特色等，创建品牌，积极联想，或者结合目标消费者的自我概念，挖掘开发其他情感附加概念，确立起差异化定位。[5]

6 结语

花坝村村干部从细微处解决与群众生活息息相关的问题，他们多次和村民面对面地交流和沟通。最重要的是，他们坚持以习近平总书记关于"三农"工作重要阐述和重要指示精神为指引，以推动农业全面升级、农村全面进步、农民全面发展为目标，有效化解新冠疫情带来的影响，脱贫工作和乡村振兴工作取得了阶段性的成效。

参考文献

[1] 朱文，朱建华. 区域特色农业品牌化发展路径探析：以汝城县上祝板鸭为例[J]. 中国集体经济，2021（26）：69-70.

[2] 金玥，孙宇俊，许贤斌，等. 基于PEST的林芝茶产业发展研究[J]. 高原农业，2021，5（4）：420-425.

[3] 黄婷，肖福荣，廖倩. 乡村振兴背景下地理标志农产品的品牌战略研究：以赣州地理标志农产品为例[J]. 现代商贸工业，2021，42（26）：1-3.

[4] 曾望军. 基于乡村振兴战略的乡村电商产业发展探究[J]. 农场经济管理，2021（7）：16-18.

[5] 马少贞. 农业绿色技术在乡村产业振兴中应用[J]. 大众标准化，2021（9）：24-26.

浅析乡村振兴中的文明风尚

朱月

（重庆移通学院淬炼商学院，重庆 合川 401520）

摘 要：民族要复兴，乡村必振兴。乡村振兴离不开文明乡风的滋养，乡风文明是乡村振兴战略之魂。乡村振兴是我国的重要举措，文明风尚建设是乡村振兴中必不可少的环节。为了解乡村振兴中的文明风尚建设，从多方面去解析如何实现文明风尚建设，从而达到乡村振兴的目的，实现乡村自主独立发展。本文从乡村振兴战略的定义出发，多方面探究实行乡村振兴战略的原因，并将花坝村作为具体例子进一步论述如何在城市化过程中实施乡村振兴战略，以及如何进一步在建设文明风尚的同时更好地进行乡村振兴的建设。

关键词：乡村振兴；文明风尚；城市化进程

Analysis of the Civilized Customs in Rural Revitalization

Zhu Yue

(The Forge Business School, Chongqing College of Mobile Communication, Hechuan, Chongqing, 401520)

Abstract: Rural revitalization is an important measure in China, and the construction of civilized customs is an essential link of rural revitalization. In order to understand the construction of civilized customs in rural revitalization, we should analyze how to realize civilized customs from many aspects, so as to meet the requirements of rural revitalization and realize independent development of rural development.This paper analyzes the reasons for Chinese rural backwardness, and discusses how to further implement rural revitalization in the process of urbanization, and how to further carry out the construction of rural revitalization while building civilized customs.

Key words: Rural revitalization; Civilized fashion; Urban commercialization process

乡村振兴战略作为我国振兴乡村的重要战略，深入贯彻了"产业兴旺、生态宜居、乡风文明、治理有效、生活富裕"的总要求。在现代中国发展的历程中，进行乡村的文明风尚建设是必不可少的一部分。

1 乡村振兴战略的定义

实施乡村振兴战略是党的十九大报告做出的重大战略决策，为新时代农业农村改革发展指明了方向、明确了重点。实施乡村振兴战略要坚持把解决好"三农"问题作为全党工作重中之重，坚持农业农村优先发展，按照产业兴旺、生态宜居、乡风文明、治理有效、生活富裕的总要求，建立健全城乡融合发展体制机制和政策体系，统筹推进农村经济建设、政治建设、文化建设、社会建设、生态文明建设和党的建设，加快推进乡村治理体系和治理能力现代化，加快推进农业农村现代化，走中国特色社会主义乡村振兴道路，让农业成为有奔头的产业，让农民成为有吸引力的职业，让农村成为安居乐业的美丽家园。[1]乡村振兴战略是我国实现"两个一百年"奋斗目标的必然要求。实施乡村振兴战略一定程度上可以延缓城市化过程中农村人口向城市转移对城市的压力，从而使城市有充裕的时间去进行建设和发展，为未来可以接纳更多的农业人口而做铺垫。

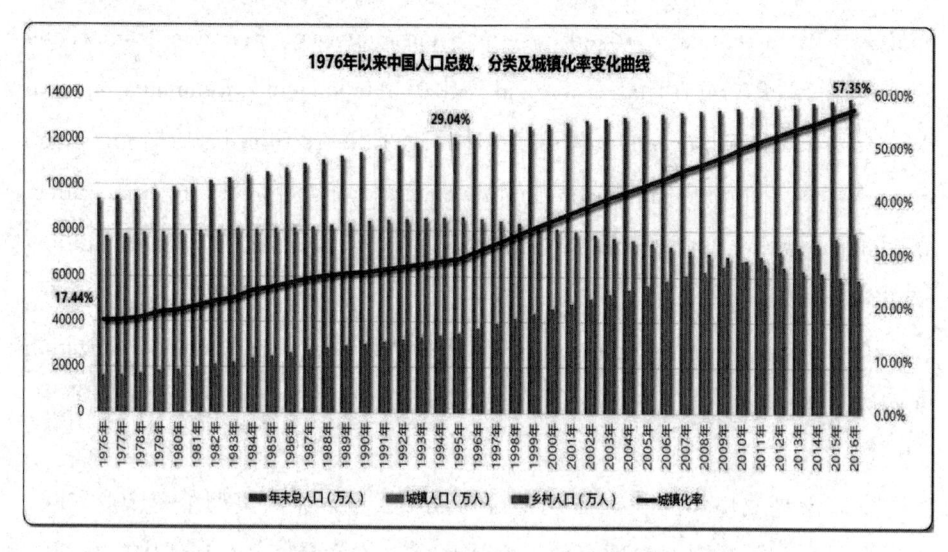

图1 1976年以来中国人口总数、分类及城镇化率变化曲线
数据来源：国家数据网

2 实施乡村振兴战略的原因

2.1 乡村的土地资源少，人均耕地资源不够

自 20 世纪以来，我国人口不断增长，并快速到达 14 亿。尽管我国土地面积有 960 万平方千米，但基于人口数量的庞大，土地资源显得不够。更何况进入 21 世纪，全国开始大范围的城市化建设，其中的一些举措不得不占用乡村的土地资源，这就使土地资源更少了。

2.2 乡村的劳动力剩余严重

2.2.1 历史层面

从历史来看，中国不仅是一个人口大国，而且是一个典型的农业大国，农业、农村、农民问题在中国历史上始终占有极其特殊的重要地位。综观历史发展轨迹，从自然经济到市场经济，从农耕文明到工业文明，中国社会所经历的急剧而深刻的历史性变革，都没有能绕开"三农"问题。可以这样说：我国农村剩余劳动力大量存在的事实是历史发展过程的沉积。还有就是人多地少的基本国情直接作用的结果。[2]

2.2.2 经济层面

从经济方面来看，一是我国农村整体劳动力效率的提高，以及科学技术、现代化程度、生产力水平的提高，客观上为农业劳动生产率的提高创造了必要条件。根据有关数据测算，从1985~1996年，我国农业劳动生产率增长率达15.5%左右。不断提高的农业劳动生产率使农业生产中的劳动强度不断降低，所需的劳动时间不断减少。根据1990~2000年全国农村固定观察点的农户家庭调查资料显示，1990年农户家庭粮食作物生产亩均劳动时间，按标准劳动日计算为19.84个标准劳动日，2000年前为16.43个标准劳动日，1990~2000年十年间，农户粮食生产实际劳动时间亩均减少了3.41个标准劳动日。劳动时间的不断减少，在客观上造成了农业生产所容纳的劳动力总量在不断减少。[3]与此同时，农村劳动力供给量却以每年100万的速度大幅度递增，农村劳动力供需矛盾尖锐，导致我国农村剩余劳动力不断增加。

二是我国经济发展的地区不平衡性。城市经济的快速发展，对处于经济水平落后的农村地区产生了极大的冲击，东部经济发展迅速，对经济水平落后的中西部地区产生了极大的冲击。农村劳动力的外流和转移，是农民寻求利益最大化的现实表现。从一定意义上，农村相对落后的经济水平，农村劳动力收入水平难以提高，客观上促使了农村劳动力大量外流和转移。

2.2.3 政策层面

从政策方面来看，产业政策对劳动力的合理流动起着至关重要的作用。农村劳动力向非农产业转移是缓解农村劳动力总量过剩的根本途径，产业政策具有导向作用。近年来伴随着我国农村经济体制改革的不断深化，我国农业生产比较效益低下，对我国农村劳动力造成了现实的冲击。大量的资料显示，农民从事农业种植业生产，特别是粮食作物生产收入下降，外出务工的收入却在连年上涨。农民从事农业种植业效益下降，耕田种地成本又逐年增加，农民负担过重，从事农业无利可图，迫使农民纷纷弃田抛地，转由外出打工，加入农村剩余劳动力流动一族。[4]

2.2.4 结构层面

从结构性方面看，多年一贯制的城乡就业体制的割裂，使农村劳动力不能向城市和大工业转移，甚至在农村内部，农民向非农业部门转移也受到种种限制。农民长期被排斥在现代化进程之外。结果大量潜在的剩余劳动力聚集在农村。[5]

3 文明风尚建设在乡村振兴中的作用

为解决乡村中存在的一系列的问题，我国提出了乡村振兴战略，同时也提出了文明风尚建设也就是乡风文明的建设。民族要复兴，乡村必振兴。随着乡村振兴战略的稳步推进，农村的面貌正发生着日新月异的变化。乡村振兴离不开文明乡风的滋养，乡风文明是乡村振兴战略之魂。习近平总书记反复强调，"乡风文明，是乡村振兴的紧迫任务"。只有用文明乡风为乡村振兴聚力，才能留得住乡情乡韵，让乡村振兴在广袤的农村落地生根。

思想是行动的先导，价值是行为的标准。乡风文明是农村精神文明建设的根本所在。迈步新时代，我们应该用精神指导乡村文化建设，用文化建设指引发展方向。[6]农村精神文明建设应坚持以培育和践行社会主义核心价值观为根本，深化乡村文明建设，努力实现科学规划布局美，村容整洁环境美、设施完备生活美、乡风文明和谐美，一个个文明村镇才能犹如美丽的画卷，镶嵌在绿水青山之间，为现代化乡村建设增光添彩。

4 如何在乡村振兴中建设文明风尚

我国大部分人居住在城市或小城镇中，我国的发展方向也是城市化。所以如何在我国向城市化发展中实施乡村振兴战略，把城市的经济拉到乡村中，是许多乡村必须要解决的问题。因此，在乡村振兴战略中，乡村应该在自己的特色上结合城市的优势去进行乡村建设。

4.1 大力发展乡村的基础设施建设

一个乡村的发展是离不开基础设施建设的。要建设乡村、振兴乡村,就必须先发展乡村的基础设施。

4.1.1 道路建设

俗语说"要想富,先修路",要让乡村引进城市的经济,就必须搞好道路建设。如在花坝村中,虽然道路是修好了,但是道路上很少看见指示牌,并且没有直达花坝村的汽车(花坝村距离市中心城区不远,就在城市郊区),这就成了阻碍城市中的人去花坝村游玩的重要因素。除此之外,也可以在修建的道路两旁栽种一些具有观赏性的植物,安装路灯是一定要的。修建好道路之后,可以在进入花坝村的入口附上花坝村的平面地图和路线图。与此同时,也可以寻找同村的村民给外来的人领路。另外,去花坝村旅游的人可能大多数都是自己开车去,所以基于这一点,无论是花坝村还是正处于乡村振兴中的乡村,都可以选择在农家乐或者其他地区建立一个专门为汽车服务的小店。

4.1.2 大力倡导修建高质量公共厕所

一些乡村没有较多的特色,吸引的人流量少,有可能距离城市较远,宣传度不够,来往的人也少。结果是人流量较少,这就使一些乡村没有资金去修建高质量的公共厕所。

以花坝村为例,虽然花坝村还正处于建设中,但是其对于高质量的公共厕所的建设却是一点都不含糊的。虽然没有分男女,但是它的数量却是足够的,并且还是高质量的。这会令来旅游的人感到舒适,毕竟在乡村中也能享受到城市的条件。

4.2 提高乡村的服务质量

现在到乡村旅游的城市人,都是享受过城市高质量服务的人群。如果想要大量吸引城市中的人并且创造二次来往,就必须提高乡村的服务质量。比如花坝村考虑到较远旅游人的来回问题,可以让他们在花坝村住宿一晚,可以开设小型的住宿店和商店。这些可以是村民合资建设，也可以是村民自己的特色小家。这不仅有利于花坝村本村的村民购买一些生活物资，也可以让来旅游的人感受到在乡村的便利。基本上所有的乡村在乡村振兴中都会建设一些农家乐，但是花坝村的农家乐却十分冷清，一方面是因为花坝村本身吸引的人不多，另一方面也看出花坝村的农家乐服务的质量没有达标。关于服务质量问题，需要花坝村村委会进行统一协调，对农家乐、小型的商店等进行约束，提高他们的服务质量。另外，为了使花坝村吸引更多的人前来旅游，花坝村的村委会也应该促使村民提高对城市人的友好。基础设施是一方面，人文也十分重要。就拿农家乐和小型的商店来说，村委会可以安排对农家乐和小型的商店的工作人员进行相关的培训，让来旅游的人感受到乡村的热情。

4.3 结合自身特色发展

每个乡村在乡村振兴中都应该利用自身的特色去吸引城市中的人。就如花坝村一样，要多方面地利用本身的优势去吸引外来人口。

4.3.1 位置优势

草莓采摘、"李葡桃"采摘园等特色采摘园，这些是花坝村利用了自身优势，如距离市中心近，所在的綦江区有便利的交通，可以吸引重庆其他区域甚至是重庆主城的人前来放松游玩。

4.3.2 环境优势

处于较高的海拔上，可以从多方面去开发利用花坝村的环境，比如高海拔可以观赏就近的河流风貌，呼吸质量好的空气。

4.3.3 本身优势

花坝村拥有大面积的土地资源，可以向外招商引资，也可以对内向村民开放土地使用权，从而达到吸引资金的目的。这些都是花坝村本身所拥有的外在优势。

5 总结

本文从当前的热点出发，阐述了乡村振兴战略中的文明风尚建设，并就农村发展，提出我国为什么要实现乡村振兴战略，从多方面寻找了造成农村不能快速发展的原因。以花坝村这一现实例子作为标准，阐述了在乡村振兴战略中如何去进行文明风尚的建设。

随着我国整体经济的不断发展，在乡村经济状况改良的同时，也应该注重精神风尚的改变。这种改变可以为乡村的经济发展带来更多的益处。乡村在经济不断发展的情况下，要融入本身的乡村特色与本身独特的精神风尚，给乡村的发展注入活力，使乡村的发展可持续。

参考文献

[1] 郝勤伟. 乡村振兴战略视域下乡村文化建设研究[J]. 智慧农业导刊，2024，4（1）：193-196.

[2] 黄维民，朱盛艳. 借鉴日本经验探索我国农村剩余劳动力转移途径[J]. 农业经济，2003（12）：45-46.

[3] 李世安. 英国农村剩余劳动力转移问题的历史考察[J]. 世界历史，2005（2）：15-26.

[4] 陈华林. 农村剩余劳动力转移对农村和城市经济发展的影响[J]. 求索，2004（4）：56-58.

[5] 楼旭明，孔令夷. 陕西省农村剩余劳动力形成分析[J]. 西安邮电学院学报，2006（4）：32-35.